TU GUÍA PASO A PASO PARA QUE
CONSTRUYAS UN NEGOCIO RENTABLE,
SÓLIDO Y A PRUEBA DE FRACASO

EL
EMPRENDEDOR
INTELIGENTE

VICTOR HUGO MANZANILLA
CÉSAR QUINTERO

Importante:

BONO GRATUITO

Este libro incluye un curso en línea gratuito de emprendimiento donde aprenderás:

- Cómo hacer un plan de negocios efectivo.
- Cómo crear una marca de éxito.
- Cómo crear y liderar equipos de alto rendimiento.
- Principios de marketing efectivo.
- Y mucho más...

Adicionalmente recibirás un boletín semanal con información que te ayudará a crecer tu negocio.

Solicita tu cupo gratuito en:

www.modeloegm.com/curso

ÍNDICE

EL EMPRENDEDOR INTELIGENTE Victor Hugo Manzanilla | César Quintero

INTRODUCCIÓN — 9

Primera parte: EL MODELO — 15
- **CAPÍTULO 1:** Nuestra motivación eres tú — 15
- **CAPÍTULO 2:** De dónde salió EGM™: los fundadores — 21
- **CAPÍTULO 3:** El Modelo Emprendedor Growth Model™ — 25
  - (EGM)Fase de EGM™ Fundacional — 31
  - Fase de EGM™ Aceleración — 35
  - Fase de EGM™ Escala — 39

Segunda parte: LA MENTALIDAD DEL EMPRENDEDOR — 45
- **CAPÍTULO 4:** La psicología del emprendedor — 49
- **CAPÍTULO 5:** La importancia de un propósito claro — 71
- **CAPÍTULO 6:** Tus fortalezas cambiarán el juego — 79
- **CAPÍTULO 7:** Definición de vida ideal — 87
- **CAPÍTULO 8:** La Meta Grande y Audaz (MEGA) — 95

Tercera parte: MAPA ÁGIL DE NEGOCIO — 99
- **CAPÍTULO 9:** Cliente ideal — 103
- **CAPÍTULO 10:** Definición del problema — 117
- **CAPÍTULO 11:** El producto o servicio — 127
- **CAPÍTULO 12:** El punto diferenciador — 131
- **CAPÍTULO 13:** La competencia — 141
- **CAPÍTULO 14:** El concepto de venta — 145

ÍNDICE

EL EMPRENDEDOR INTELIGENTE Victor Hugo Manzanilla | César Quintero

Cuarta parte: EL PROCESO ITERATIVO — 157

- **CAPÍTULO 15:** Prueba inmediata de vida — 161
- **CAPÍTULO 16:** Producto mínimo viable — 167
- **CAPÍTULO 17:** Completando el Mapa Ágil de Negocio — 177
- **CAPÍTULO 18:** Lanzamiento — 183

Quinta parte: TU GRAN HISTORIA — 195

- **CAPÍTULO 19:** La jornada del héroe emprendedor — 195
- **CAPÍTULO 20:** ¿Cuál juego estás jugando? — 221
- **CONCLUSIÓN** — 227

APENDICE: ¿QUIERES AYUDA PERSONALIZADA? — 227

PALABRAS DE ELOGIO A EGM™ — 231

www.emprendedorgrowthmodel.com

Dedicatoria

*"No es el crítico quien cuenta,
ni el que señala con el dedo a la persona cuando tropieza,
o el que indica en qué cuestiones quien hace las cosas podría haberlas hecho mejor.*

*El mérito recae exclusivamente en la persona que se halla en la arena,
aquel cuyo rostro está manchado de polvo, sudor y sangre,
el que lucha con valentía, el que se equivoca y falla el golpe una y otra vez,
porque no hay esfuerzo sin error y sin limitaciones.*

*El que cuenta es el que, de hecho, lucha por llevar a cabo las acciones,
el que conoce los grandes entusiasmos, las grandes devociones,
el que agota sus fuerzas en defensa de una causa noble,
el que, si tiene suerte, saborea el triunfo de los grandes logros
y si no la tiene y falla,
fracasa al menos atreviéndose al mayor riesgo,
de modo que nunca ocupará el lugar reservado a esas almas frías y tímidas
que ignoran tanto la victoria como la derrota".*

Theodore Roosevelt

A ti emprendedor, que estás en la arena.

EL EMPRENDEDOR INTELIGENTE

www.emprendedorgrowthmodel.com

Introducción

El primero de agosto de 2018 entré a una oficina completamente vacía. Era un espacio de 11 m², se encontraba pulcro, como si nadie nunca hubiera estado ahí.

Al lado de la puerta habían puesto una pequeña placa que decía: Victor Hugo Manzanilla, CEO de Salarius LTD.

¿CEO de qué? Para ese momento, Salarius (que al poco tiempo le cambiaríamos el nombre a MicroSalt®) era solo un pedazo de papel: una patente probada en el laboratorio que nos indicaba cómo crear el grano de sal más pequeño del mundo.

Cuanto más pequeño era el grano de sal, al entrar en contacto con la lengua se disolvía más rápido y daba una sensación de salinidad más fuerte.

De esta manera podríamos crear productos con alto sabor, pero bajos en contenido de sodio.

El alto consumo de sodio se ha transformado en uno de los problemas de salud más grandes en la actualidad porque se ha determinado que existe una clara correlación entre el alto consumo de sodio, la alta presión arterial y los problemas cardiovasculares.

Me encontraba en esta nueva oficina, solo, con ese pedazo de papel y una mezcla de sentimientos muy fuertes. Estaba por comenzar a construir un negocio desde cero.

Por un lado, tenía entusiasmo por la oportunidad de hacer algo de alto impacto. Frente a mí tenía un mundo lleno de posibilidades, un lienzo blanco en el cual pintar esta nueva obra de arte.

Por el otro lado, estaba aterrado. ¿Cómo podía llevar ese pedazo de papel a un negocio? ¿Cómo sería el modelo del negocio? ¿Qué equipo necesitaba?

¿Cuál debía ser mi primer paso?

No sabía por dónde empezar.

¿Alguna vez has sentido que tienes una idea de negocio, pero no sabes cómo empezar?

Tengo decenas de amigos que me cuentan sus ideas, sueñan con ser emprendedores, pero, año tras año, se quedan en el mismo lugar en el que se encontraban el año anterior.

Este libro te va a enseñar el paso a paso.

MicroSalt® empezó a crecer como equipo. El negocio empezó a tomar forma.

Pero estaba drenado.

Había algo que me estaba afectando emocionalmente. La gran mayoría de los emprendedores pasan por lo que yo experimenté: soledad en la cima y fatiga en la toma de decisiones.

www.emprendedorgrowthmodel.com

INTRODUCCIÓN

Cuando eres emprendedor estás solo. Pocas personas te entienden. Es difícil conseguir temas comunes de comunicación con tus viejos amigos y familiares que escogieron otro camino.

La montaña rusa de emociones es desgastante.

Hace un tiempo vi este *post* de Dereck Halpern que dio en el clavo:

El día en la vida de un emprendedor:

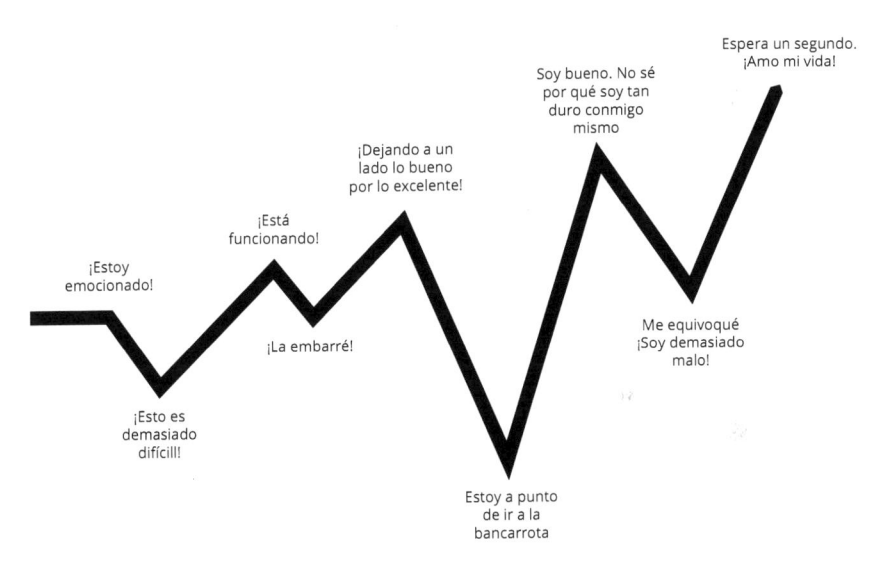

Espera un segundo. ¡Amo mi vida!

Soy bueno. No sé por qué soy tan duro conmigo mismo

¡Dejando a un lado lo bueno por lo excelente!

¡Está funcionando!

¡Estoy emocionado!

¡La embarré!

Me equivoqué ¡Soy demasiado malo!

¡Esto es demasiado difícil!

Estoy a punto de ir a la bancarrota

Como consecuencia de la soledad en la cima, desarrollé una fatiga en la toma de decisiones. Cuando eres el emprendedor, el dueño, no hay nadie arriba de ti. Eres tú y punto.

Durante mi carrera profesional, por más autonomía que muchos de mis superiores me dieron, siempre había un proceso vertical de toma de decisiones. Y, aunque la decisión dependiera solo de mí, siempre podía comentarla con mi jefe y recibir su opinión.

Luego te enfrentas a un proceso donde el 100% de las decisiones terminan en tu escritorio: logo, color, artículos de oficina, ¿qué hago hoy?, ¿qué es lo más importante?, ¿qué no lo es?, ¿lo contrato o no? y, por supuesto, ¡asegurarte de que no se acabe el papel *toilette*!

Lo difícil no solo radica en la toma de algunas decisiones importantes, sino también en la cantidad de obligaciones triviales a las que te enfrentas al principio, cuando estás solo o cuando quizás cuentas con un pequeño equipo.

Ahora bien, ¿cómo sabes si estás tomando las decisiones importantes de la manera correcta? ¿Cómo sabes que no estás en un camino de acumulación de pequeñas malas decisiones que va directo a un precipicio?

O, por el contrario, te sientes seguro(a) porque cada decisión está tomada de forma estratégica, con información relevante y en la dirección correcta.

Este libro también te llevará por ese camino.

En el momento que escribo estas líneas, CNN acaba de anunciar que, con menos de un mes en el aire, está cerrando su iniciativa de *streaming* CNN+.

Según mi investigación, CNN invirtió más de 300 millones de USD en este proyecto con el objetivo de llevar su programación directamente a sus usuarios sin pasar por las agencias de cable.

Invirtieron en grandes personalidades, construyeron un fantástico estudio y crearon una completa plataforma de *streaming*.

La primera jornada en la que abrieron las ventas, se dieron cuenta del tamaño del fracaso. En los primeros días solo lograron poco más de 10,000 usuarios pagando $6 al mes.

Una inversión de 300,000,000 USD produciendo $60,000 al mes aproximadamente. Probablemente, el mayor fracaso en la historia de CNN.

www.emprendedorgrowthmodel.com

¿Cómo pasó esto? ¿Cómo podían estar tan alejados de la realidad tras invertir $300 millones sin siquiera pensar que todo podría salir mal? ¿Quién hizo los estimados? Tantas preguntas...

Debería existir un proceso que te permita prevenir estos desastres. De la misma manera en que CNN tiró a la basura casi medio billón de dólares, un desastre similar le puede ocurrir a cualquier emprendedor hispano que decide invertir en su idea de negocio sus 1,000, 10,000 o 100,000 USD que ha ahorrado por años.

Este libro te va a mostrar ese proceso. Como lo repetiré más adelante, el modelo EGM™ (Emprendedor Growth Model™) te permitirá dar un golpe de timón en caso de ser necesario y te llevará a detectar un problema antes de que se convierta en un desastre.

Ahora veamos el lado positivo, este modelo te posibilitará dar pasos certeros para transmitir seguridad y motivación al equipo que estás construyendo a través de una visión inspiradora que por, sobre todo, se hará realidad.

El camino de crecimiento de MicroSalt® no fue todo color de rosas, pero sí fue uno de los retos que me hizo crecer más en mi vida. Logramos levantar más de 1 millón de dólares en capital, lanzar dos marcas, superar varios millones en ventas y llevar a esta marca a una valuación de más de 7.5 millones de USD para inicios del 2022.

Sin embargo, en los momentos duros, donde estábamos estancados y el equipo perdía motivación, descubrí algo importante: el problema siempre está en algo fundacional.

Como emprendedores y personas creativas que somos, tratamos de resolver los problemas de nuestro negocio de múltiples maneras, muchas de ellas basadas en modas y de forma muy superficial.

Cuando penetras la raíz relacionada al estancamiento de tu negocio, siempre llegas a la conclusión de que el problema es fundacional.

Si logras corregir la fundación, el negocio se reactiva y sigue creciendo.

De eso también se trata este libro: la fundación de tu negocio.

A través de estas páginas te vamos a llevar por un proceso que, sin importar si tu emprendimiento es solo una idea, una pequeña *startup*, o ya factura varios millones de dólares, te permitirá fortalecer la fundación de tu negocio para prepararlo para un mayor y más rápido crecimiento.

Este libro, tanto para mi socio Cesar Quintero como para mí, es el agregado de nuestra experiencia en la creación y desarrollo de empresas reales. Es nuestro legado a un propósito que creemos desde el fondo de nuestro corazón.

Este libro nace de una gran motivación.

www.emprendedorgrowthmodel.com

Primera parte:
EL MODELO

No faltan oportunidades para que tú vivas de la manera que deseas. Lo que falta es la voluntad de dar el primer paso.

Wayne Dyer

CAPÍTULO 1:
Nuestra motivación eres tú

La razón por la que escribimos este libro es muy sencilla pero muy poderosa: porque creemos en ti.

Creemos que eres parte de algo grande y nos apasiona poder ayudarte a hacerlo realidad.

Creemos que los emprendedores cambian al mundo.

No son los gobiernos, ni las organizaciones, ni las instituciones. Los emprendedores son los que toman acción para solucionar problemas reales y crear valor de manera inmediata en nuestras comunidades, regiones y, por ende, el mundo.

El progreso de los individuos que desean salir adelante con negocios y empresas impulsa la economía de las comunidades y el crecimiento de las naciones.

Cada vez son más los latinoamericanos que avanzan en el mundo empresarial y, luego del 2020, muchas personas que no tuvieron planes de emprender negocios se vieron obligadas a hacerlo por haber perdido sus trabajos.

Sin embargo, de todos estos emprendedores, un porcentaje muy pequeño logra mantener un negocio a flote, y una cantidad todavía más pequeña lo hace crecer y generar riquezas.

¿Por qué sucede esto?

Porque empezar un negocio es mucho más fácil de lo que se necesita para mantenerlo y hacerlo crecer.

La mayoría de las personas que comienzan negocios creen que, con ser expertos en algo, es suficiente para ser exitosos. Creen que, por tener la receta de la abuela de las mejores galletas del mundo, pueden montar un negocio de éxito garantizado. Pero poco a poco se encuentran con la realidad de que manejar una empresa de galletas es mucho más que la receta de la abuela.

Muchos negocios se estancan y hasta fracasan porque, en el momento de iniciarlo, no se establecieron las bases fundamentales que permiten que un negocio avance y dé frutos: comienzan sin un entendimiento del mercado, no conocen con profundidad a su cliente ideal y sus necesidades, no saben cómo articular el beneficio de su producto o servicio de una manera que sea atractiva para sus clientes. En otras ocasiones, la estrategia de crecimiento no responde a un modelo diseñado para tal fin.

www.emprendedorgrowthmodel.com

En consecuencia, miles de emprendedores con corazón y pasión terminan cerrando sus iniciativas dejando a un lado ese sueño que una vez tuvieron.

Por esa razón nace el modelo de crecimiento empresarial llamado Emprendedor Growth Model™ (EGM™): un modelo comprobado que lleva de la mano a los emprendedores por un proceso en el que, paso a paso, se busca maximizar las probabilidades de éxito en sus emprendimientos.

EGM™ te permite detectar un error antes de que se convierta en tragedia, y construir tu negocio sobre fundamentos sólidos que te permitan sostenerte en un mercado competitivo.

Un reciente informe del Banco Mundial titulado "El emprendimiento en América Latina: muchas empresas y poca innovación", señala que el futuro de la región dependerá de alcanzar un número mayor de emprendedores "transformacionales" que en la actualidad.

De acuerdo con el informe, prácticamente uno de cada tres trabajadores en la región es autoempleado o un pequeño empleador; y, contrariamente a lo que se cree popularmente, la proporción de empresas registradas formalmente también es comparativamente grande. Pero pocos de estos emprendedores llegan alguna vez a contratar un trabajador. La mayoría de estos negocios siguen siendo muy pequeños, incluso tras décadas de operación.

Sin embargo, el fracaso de los proyectos ya lanzados públicamente es solo la punta del iceberg. Según un estudio de Kaspersky, tras encuestar a 304 responsables en la toma de decisiones involucrados en la innovación, se consideró que la etapa de desarrollo es la más difícil en todo el "ciclo de vida de la innovación". Así lo confirma el hecho de que casi la mitad (48%) de los proyectos fallan en esa parte, porque sus fundaciones no están sólidas y no contemplan todos los factores necesarios para ser exitosos.

Para la mayoría de las empresas latinoamericanas, el 26% del fracaso en la innovación se debe a la falta de entendimiento de las necesidades del cliente. Esto significa que, la mayoría de las veces, el emprendedor toma decisiones en su experticia sin consultar al mercado y sin entender qué es lo que realmente se necesita para crear impacto y transformación.

Nuestro propósito es empoderar a los emprendedores para que sean un factor de cambio en sus comunidades. Por ello, queremos compartir estos conceptos para promover el cambio que los negocios y el emprendimiento pueden generar en una comunidad.

En nuestro modelo de negocio, guiamos al emprendedor paso a paso por un proceso que va desde la mentalidad del emprendedor y la definición de su vida ideal hasta la idea del producto o servicio y la creación de la hoja de ruta.

Una vez establecida esta hoja, se incluyen estrategias de seguimiento y acción para mantenerse al día con la actividad de los competidores, las tendencias del mercado y las fluctuaciones de la industria. De esta forma evitamos los errores que se mencionan en este informe y que se han convertido en una estadística entre los empresarios hispanos.

Nuestro objetivo en EGM™ es democratizar el emprendimiento en nuestros países como se ha hecho en otras partes del mundo.

Creemos que todo aquel que lo desee lo suficiente, puede ser emprendedor. Sin embargo, también creemos que el emprendedor no debe construir su negocio basado solo en la intuición o en una emoción pasajera. Tampoco creemos que los mensajes motivacionales sean suficientes para construir un negocio exitoso.

Si queremos democratizar el emprendimiento, necesitamos enseñarle al emprendedor cómo hacerlo correctamente.

Estamos convencidos de lo siguiente: cualquier persona, con un gran deseo y disciplina, puede cambiar el mundo a través del emprendimiento.

www.emprendedorgrowthmodel.com

Tal es el caso de Frederick Smith, quien tuvo una idea en los años setenta: entregar paquetes de manera confiable. Y se puso a trabajar en ello. En 2004, ya era uno de los CEO más reconocidos del planeta.

Federal Express Corporation (FedEx) hoy cuenta con más de 300 aviones que reparten y entregan en más de 200 países. Smith siempre puso en práctica su filosofía empresarial PSP (Personas, Servicio y Utilidad, por sus siglas en inglés), que le permitió convertirse en uno de los emprendedores más exitosos de todos los tiempos.

Un caso icónico es el de Henry Ford. A través de la historia conocemos a Ford como un apellido que pesa en el mundo del automóvil, pero también en el desarrollo industrial. Y es que su creador no solo diseñó autos, sino también un modelo de producción que los hizo accesibles a las masas.

Henry Ford nació en 1863. Desde muy joven, trabajó en una compañía de vapor. Posteriormente, entró a la corporación de Thomas A. Edison, otro de los emprendedores exitosos y legendarios.

Su experiencia en la ingeniería le dio el respaldo para crear la *Ford Motor Company*. Hoy en día, esta empresa genera ganancias anuales por más de 5,000 millones de dólares y da trabajo a casi 200,000 personas en cuatro continentes.

Vivimos en otro tiempo diferente al de estos emprendedores cuando escalaron en el mundo empresarial, de modo que existen todavía más facilidades para que las personas comunes lo puedan lograr.

Nuestro modelo de negocio es completo y aquí deseamos ponerlo a tu disposición para que puedas tener éxito en tu emprendimiento y, de este modo, convertirte en un factor de cambio en tu comunidad.

EL EMPRENDEDOR INTELIGENTE

www.emprendedorgrowthmodel.com

CAPÍTULO 2:
De dónde salió EGM™ - los fundadores

Mi nombre es Victor Hugo Manzanilla, soy un emprendedor en serie y, para el momento en que escribo estas líneas, soy el jefe de la Junta Directiva de MicroSalt Inc., una empresa que comencé como su CEO desde cero hasta una valoración actual de siete millones y medio de dólares.

Antes de mi rol como CEO de MicroSalt Inc., tuve una carrera como ejecutivo de empresas Fortune 500: Procter & Gamble por doce años, y luego Office Depot por cuatro años adicionales.

Poseo una certificación en negocios y finanzas corporativas de la Universidad de Harvard. Adicionalmente soy autor de cuatro libros, *bestsellers* dos de ellos (*Despierta tu Héroe Interior* y *Tu Momento es Ahora*) publicados ambos por Harper Collins.

Soy Cesar Quintero, también emprendedor en serie con cuatro empresas que han superado un millón de dólares en ventas cada una.

Mi última empresa es una firma de *coaching* de negocios que superó el millón y medio de dólares en ventas para el momento en que estoy escribiendo este libro.

Soy graduado del MIT Entrepreneur Master Program y autor de dos libros *bestsellers* (*The Profit Recipe* para emprendedores and *The Profit Recipe* para restaurantes) publicados por Merrack Publishing.

Ambos queremos decirte que nuestra intención es compartir contigo conceptos prácticos y experiencias de nuestro caminar que, si alguien nos las hubiera compartido, nos hubiesen ahorrado energía y años de tropiezos (y varios fracasos) durante nuestra primera etapa de crecimiento como emprendedores.

En nuestros primeros años como emprendedores, pudimos ver patrones que se repetían de forma predecible en las empresas exitosas y, también, descubrimos patrones consistentes en las empresas fracasadas.

En nuestro modelo de negocio, uniendo conceptos comprobados con experiencias de distintas facetas, te ayudamos a definir, planificar tu vida ideal (la que siempre has soñado) y a convertir tu proyecto de negocio en el vehículo que te llevará a alcanzarla.

Sin embargo, no solamente queremos que alcances el éxito, sino que también entiendas tu propósito para que todo el bienestar que viene con el éxito tenga sentido.

Nuestro modelo de negocio EGM™ te ayudará a entender la importancia de conocerte mejor y, basado en tus metas, aprenderás cómo crear o fortalecer tu negocio para alinearlo en pos de tu propósito y vida ideal. Pero, sobre todo, nuestro modelo te llevará paso a paso a establecer los pilares de tu negocio sobre fundamentos sólidos, a entender con profundidad el fascinante mundo empresarial y a apasionarte aún más por la vida.

Ahora bien, ¿de dónde salió todo esto?

Permíteme contarte una historia (Victor Hugo) que provocó un cambio radical en mi vida.

Era el año 2010 y estaba frustrado en un trabajo que no me apasionaba, no tenía motivación alguna, estaba con sobrepeso y sin vitalidad. Por si todo eso fuera poco, vivía en un estado de angustia por las cuentas por pagar. Tarjetas de crédito al límite. Nada de ahorros.

Mis fines de semana se limitaban a las mismas rutinas: emocionado el viernes y deprimido el domingo por la noche. Esto me dejaba claro que no era feliz en mi trabajo, aunque era un trabajo excelente ante los ojos de muchas personas. Pero lo cierto es que, aunque ganaba buen dinero, tenía una vida desordenada. Todas las cosas importantes las postergaba. Tenía una vida de constantes promesas rotas conmigo mismo: compromisos para hacer ejercicio, comer mejor, ahorrar con disciplina, etc. Todo lo dejaba por la mitad.

Me sentía estancado. Mi vida no progresaba.

Un día que recuerdo como si fuera ayer, y que contaré con detalle al final de este libro, me hice la siguiente pregunta: "Si hicieran una película de mi vida, ¿sería una película llena de aventura, riesgo y victoria o sería una película aburrida?".

Mi respuesta fue rápida y dolorosa: sería una película tan aburrida, que hasta mi mamá se saldría de la sala a la mitad de la proyección.

Pero ese día todo cambió.

En ese momento me di cuenta de que tenía un gran potencial, lo único que debía hacer era transformar ese potencial en resultados.

Ese día me comprometí a construir la vida que quería.

No había vuelta atrás.

Unos años más tarde había dejado el empleo que no disfrutaba, estaba energizado, construyendo mi propio negocio, había publicado dos libros que se habían convertido en *bestsellers* y estaba viviendo la vida en mis términos.

Todo había cambiado.

¿Alguna vez has sentido que tienes más potencial que los resultados que estás obteniendo en la vida?

He tenido la oportunidad de conversar con cientos de personas que, sin importar si están en un estado de profundo fracaso o han logrado un gran éxito en su vida, sienten que su potencial es mucho más grande que los resultados que tienen.

Si estás leyendo este libro, quiero decirte que estamos aquí para ayudarte a transformar tu potencial emprendedor en resultados.

Sé que mi experiencia es algo con la que muchas personas se pueden identificar ya que saben que tienen mucho más potencial que sus resultados en este momento.

Sin embargo, no todas las personas están dispuestas a tomar la decisión de producir cambios importantes en su vida. No las juzgo. Es difícil desprenderse de lo que parece seguro o estable. Aunque muchas veces esa estabilidad ni siquiera nos dé libertad financiera. También es difícil para alguien que nunca ha emprendido un negocio dar ese paso por sí solo. Es por eso que hemos creado el modelo EGM™ para ayudar a las personas, con potencial y sueños, a levantar su propio emprendimiento.

El modelo Emprendedor Growth Model™ es un sistema comprobado para crear negocios rentables que generen la vida ideal que deseas.

Ayudamos a emprendedores como tú a lanzar, crecer y escalar su negocio con el objetivo de que vivas la vida que soñaste.

www.emprendedorgrowthmodel.com

CAPÍTULO 3:
El Modelo Emprendedor Growth Model™ (EGM™)

Cuando tenía 24 años (Cesar Quintero), después de graduarme como Ingeniero, dejé Venezuela y un trabajo seguro en la empresa Procter and Gamble (P&G) para mudarme a los Estados Unidos, casarme y comenzar un negocio, todo al mismo tiempo.

Estaba enamorado, preocupado por la creciente inestabilidad en mi país, y el emprendimiento había sido una forma de vida desde que era un niño. Ser dueño de mi propio negocio en esta etapa temprana de mi carrera era un riesgo, pero también lo era mudarme a otro país y comenzar una nueva vida. Yo era joven y estaba listo para conquistar el mundo. ¿Qué tan difícil podría ser?

Mi matrimonio y la mudada a Estados Unidos fueron bastante bien. Pero iniciar un negocio exitoso resultó ser inmensamente difícil.

Tuve una gran idea sobre la vanguardia de la ahora robusta industria de entrega de comidas, pero los conceptos básicos del espíritu empresarial eran un desafío. Luché con problemas financieros, operativos, de *marketing* y de equipo, y cometí muchos de los errores clásicos en los que incurren los dueños de negocios novatos. Golpeaba mi cabeza contra la pared constantemente para resolver problemas.

A pesar de estos desafíos, algunos autoimpuestos, superé esos primeros años e hice crecer el negocio hasta el límite de mi potencial. Luego, buscando crecer aún más, comencé a acercarme a grupos de emprendedores de pequeñas empresas para establecer contactos y obtener referencias. Encontré esas cosas al conectarme con otros líderes y emprendedores, pero también descubrí algo mucho más importante: no estaba solo.

Había mucho conocimiento colectivo que yo no conocía, y me mostró mejores formas de administrar y hacer crecer mi negocio.

Más adelante te contaré de esta historia que tuvo altos y bajos, y que me permitió aprender de la importancia de establecer las bases de un negocio de forma sólida y que te enseñaremos a hacer en este libro.

Luego de estas vivencias, decidí comenzar una firma de *coaching* para ayudar a líderes que quieren crecer y generar negocios de impacto.

En ese momento es cuando decidí asociarme con Victor Hugo y unir nuestro aprendizaje como emprendedores a nuestra experiencia en el mundo corporativo para definir los fundamentos que toda empresa debe tener claro con el modelo EGM™.

Todos los dueños de negocios deben luchar y aprender algunas lecciones difíciles. Es parte del juego. Pero, con conocimiento y apoyo, el camino no tiene que ser tan difícil como lo es para la mayoría de nosotros. Al identificar los problemas y patrones comunes del mundo empresarial y compartirlos, ganamos control sobre ellos.

La creación de un modelo integrado para un propósito común

Victor Hugo y yo compartimos escenarios en la misma empresa (Procter & Gamble) y, superficialmente, nos reconocíamos al vernos. Sin embargo, nunca imaginamos que, en alianza, podríamos traer al mundo un modelo de emprendimiento que funcionara y ayudara a todo emprendedor.

www.emprendedorgrowthmodel.com

Poco tiempo después de trabajar para la misma empresa, recorrimos distintos caminos. Victor Hugo por su lado había desarrollado su marca personal en el área corporativa. Yo, por mi parte como emprendedor, manejaba cuatro empresas distintas. En ese entonces fue cuando nos reencontramos. A pesar de haber compartido la misma universidad y corporación donde comenzamos nuestras carreras, no habíamos tenido realmente un encuentro personal formal hasta que un amigo en común nos reconectó. Desde la primera conversación nos dimos cuenta de que nuestros propósitos estaban alineados.

Desde ese momento empezamos a pensar cómo podríamos ayudar a emprendedores en Latinoamérica con nuestras propias experiencias y con el conocimiento adquirido.

La región latinoamericana, en similitud con la región asiática, son lugares donde resulta muy difícil emprender si no vienes de una familia de emprendedores, si no posees el dinero o si no cuentas con la experiencia para hacerlo. Por ejemplo, en México, se vuelve un tema preocupante el índice de fracaso de los emprendimientos, considerando que el 70% de estos no superan el segundo año de operación. En otros países de Latinoamérica, la falta de recursos o de capital para emprender limitan a los negocios en su crecimiento.

En otras estadísticas tenemos que, según Startup Chile, la tasa de fracaso con relación al emprendimiento mundial alcanza un 85%.

Según el Centro Internacional para Emprendedores en Barcelona (España), son muchos los estudios que han analizado el funcionamiento de los grandes ecosistemas de emprendimiento del planeta, pero se ha hablado mucho menos del papel del emprendimiento en el desarrollo económico de América Latina.

Toda esta realidad motivó la creación de un modelo de negocio que se pudiera adaptar a cualquier mercado. Ambos habíamos sentido los deseos de marcar una diferencia entre los hispanos en Estados Unidos y también en Latinoamérica. Queríamos proveerles un sistema diseñado cuidadosamente con todos los conocimientos, conceptos y estrategias que necesita un emprendedor para dar los primeros pasos de su negocio con éxito y establecer un futuro. En primer lugar, se debe comenzar entendiendo la mentalidad del emprendedor, sus expectativas, metas, fortalezas y debilidades. En segundo lugar, se debe tener en cuenta los resultados y la integración de los distintos conceptos. Estamos hablando del modelo EGM.

Nuestras experiencias personales y las experiencias de tantas personas a quienes hemos entrenado para que sean *coaches* empresariales, nos permiten ver con bastante claridad el futuro que puede tener una idea de negocio. Nuestro modelo EGM™ sigue tres principios fundamentales: **Resultados, Integración y Fundación.**

Con **Resultados** nos referimos a tener un enfoque ágil de acción consistente, y en adaptarnos al constante cambio de factores externos que continuamente ponen en peligro a nuestro negocio. Estamos hablando de crear *momentum* y alcanzar resultados de negocio más rápido.

Con respecto al concepto de **Integración** nos referimos a que tomamos en cuenta (y le damos igual importancia) tanto al desarrollo mental del emprendedor, como a las estrategias de negocio para maximizar las posibilidades del éxito. Entendemos que el emprendedor es un ser humano y su éxito mental se ve reflejado en el éxito de su negocio.

Mentalidad del emprendedor
Mapa Ágil de Negocio
Proceso iterativo de prueba y lanzamiento

01 Situación Actual y definición de vida ideal
02 Propósito y MEGA
03 Creación de la idea
04 Desarrollo del Mapa Ágil de Negocio (MAN)
05 Prueba Inmediata de Vida (PIV)
06 Producto Mínimo Viable (PMV)
07 Implementación

FUNDACIONAL

www.emprendedorgrowthmodel.com

En último lugar, pero no menos importante, es la **Fundación**, y se refiere a un proceso comprobado que permite desarrollar una fundación sólida para tu negocio de manera que pueda escalar y crecer de forma saludable.

El modelo **Emprendedor Growth Model™** tiene tres fases:

1. Fundacional.
2. Aceleración.
3. Escala.

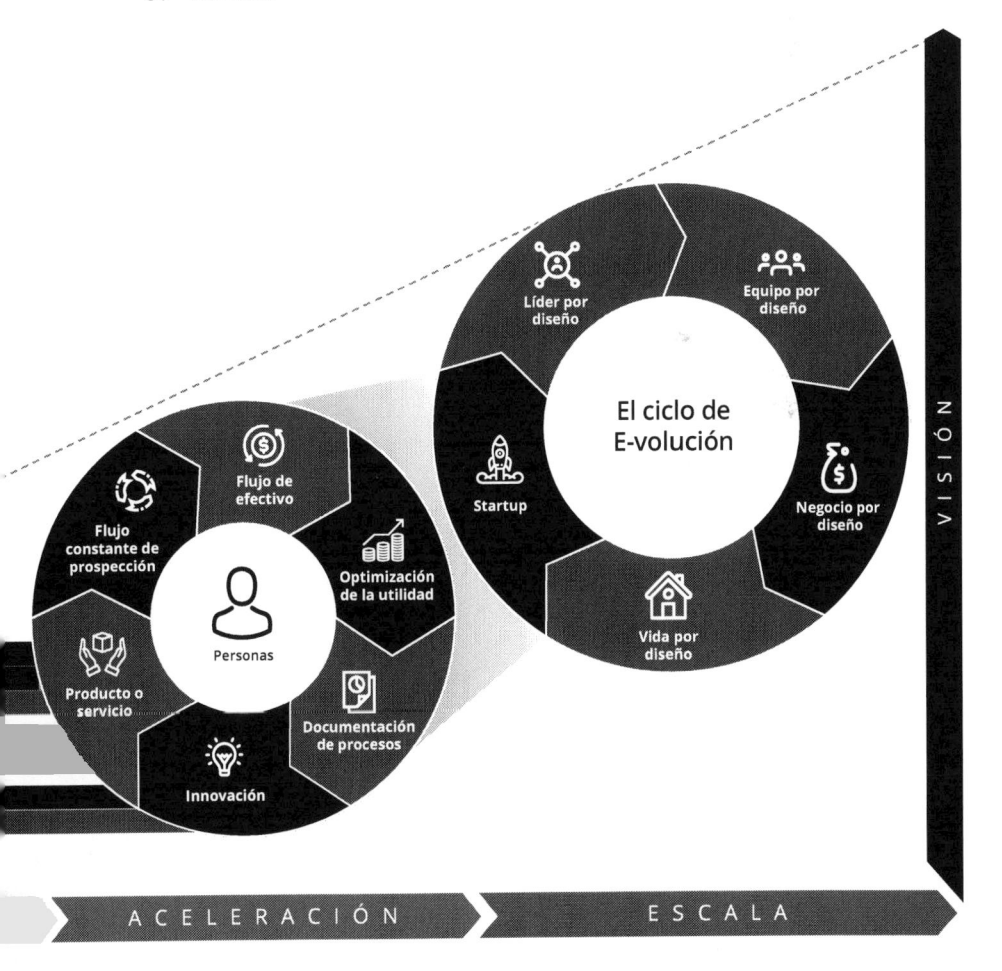

El ciclo de E-volución

Fase Aceleración:
- Personas
- Flujo de efectivo
- Flujo constante de prospección
- Producto o servicio
- Innovación
- Documentación de procesos
- Optimización de la utilidad

Fase Escala:
- Startup
- Líder por diseño
- Equipo por diseño
- Negocio por diseño
- Vida por diseño

VISIÓN

ACELERACIÓN   ESCALA

El éxito de un nuevo negocio no depende, como quizás algunos piensan, de la cantidad de capital que se invierta, ni de la originalidad de la idea. Más bien tiene mucho que ver con estrategia y ejecución: el proceso para estudiar el mercado, entender las necesidades internas y externas de tu cliente ideal, diseñar el producto o servicio con una estrategia ágil de prueba, retroalimentación y ajuste, y luego la estrategia para lanzarlo y mantenerlo en crecimiento. Todo esto compone una base fuerte y sólida sobre la cual se puede construir un negocio con futuro.

De aquí la importancia de la primera fase del modelo: EGM™ Fundacional.

El soñar sólo nunca lleva a la meta. Tener una estrategia fundacional fuerte, y un ritmo consistente de acción, es lo que finalmente ayuda a determinar el éxito de todo emprendedor.

Cuando un negocio se levanta sobre una base desconocida es como levantar una casa en la arena. Establecer un negocio con un modelo comprobado es levantar la casa en un terreno sólido y preparado para evitar cualquier derrumbe. Indudablemente existen muchas causas por las cuales un negocio puede llegar a fracasar. Algunas pueden ser externas, como crisis nacionales, fenómenos naturales, etc. Pero, cuando un negocio fracasa desde adentro, una de las causas más comunes se encuentra en las bases sobre las cuales se inició dicho negocio, es decir, la fundación.

Una fundación sólida blinda tu negocio de problemas internos y maximiza las posibilidades de supervivencia sobre problemas externos.

La parte fundacional es la que te permite comprobar el concepto del producto o servicio, su cabida en el mercado y ejecutar un lanzamiento exitoso.

Este proceso fundacional (de manera general porque nos adentraremos en él más adelante) cuenta con los siguientes pasos:

www.emprendedorgrowthmodel.com

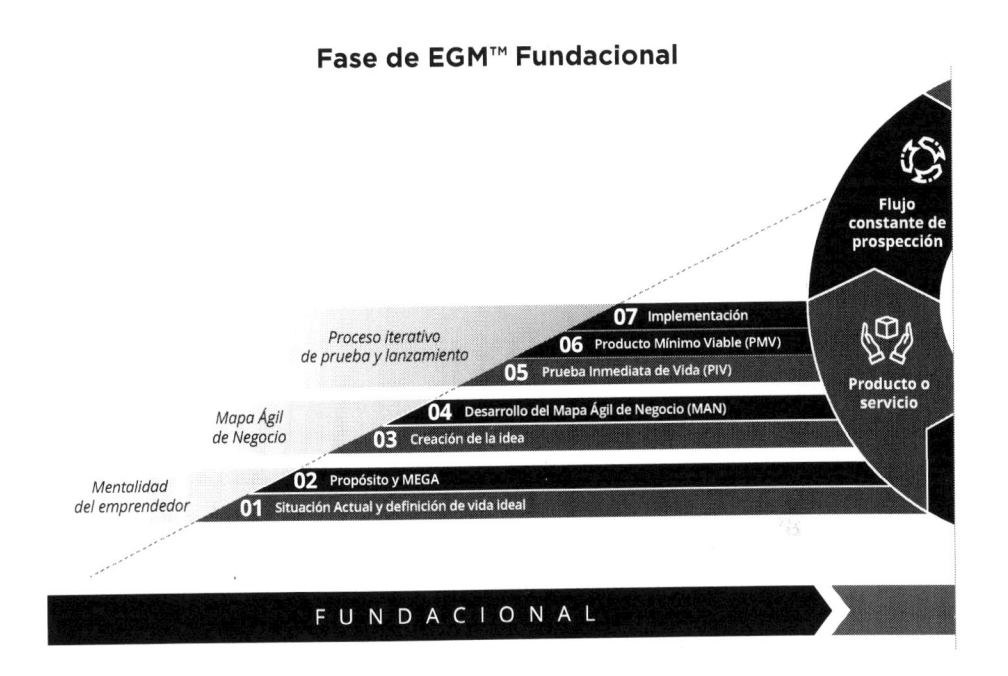

Fase de EGM™ Fundacional

- Flujo constante de prospección
- Producto o servicio

Proceso iterativo de prueba y lanzamiento
- 07 Implementación
- 06 Producto Mínimo Viable (PMV)
- 05 Prueba Inmediata de Vida (PIV)

Mapa Ágil de Negocio
- 04 Desarrollo del Mapa Ágil de Negocio (MAN)
- 03 Creación de la idea

Mentalidad del emprendedor
- 02 Propósito y MEGA
- 01 Situación Actual y definición de vida ideal

FUNDACIONAL

Fase #1: La mentalidad del emprendedor

Esta fase será explicada con profundidad en la segunda sección de este libro. Sin embargo, te adelanto que es la parte humana del emprendimiento. Todo emprendimiento nace del corazón y mente del emprendedor, por ello es neurálgico que el emprendedor tenga muy claro dónde está, hacia a dónde va y cuál es su noble propósito.

Cantidad de emprendedores inician por el negocio. Consideramos que esto es un gran error. Necesitamos comenzar por el emprendedor, el ser humano. Tener claridad en esto nos permitirá crear un negocio que lleve al emprendedor a su visión y no que el negocio se convierta en el nuevo jefe del emprendedor.

Fase #2: El Mapa Ágil de Negocio

En esta fase (que será explicada con profundidad en la tercera parte de este libro), es donde nos adentramos en la fundación del negocio: conocer a tu cliente ideal, definir sus necesidades internas y externas, y crear un concepto de negocio exitoso cumpliendo las reglas fundamentales de ideas con alto potencial.

Fase #3: Proceso iterativo de prueba y lanzamiento

Esta es la fase donde sometemos nuestra idea a la opinión de nuestro cliente ideal y, basándonos en su retroalimentación, pivotamos la misma hasta comprender exactamente cuál es nuestro producto o servicio con garantía de éxito. Ahí ejecutamos el lanzamiento.

Este proceso iterativo, aunque llamado fundacional, no solo se aplica en el nacimiento de un negocio, sino también de manera consistente en la vida de este. Esto es importante porque las estrategias de cada negocio deben adaptarse a los movimientos del mercado, la competencia que pueda surgir y las innovaciones.

Estos cambios son perfectamente detectables utilizando el proceso de EGM fundacional.

Un ejemplo de fracaso que podemos citar por falta de una estrategia de revisión de principios fundacionales y cambios en las necesidades del mercado es la compañía Nokia, pionera en la creación de teléfonos móviles.

En los años 90, era la que se había apoderado del mercado. En un momento en el cual la cifra de usuarios de telefonía móvil ya ascendía a 135 millones, el Grupo Nokia fue lo suficientemente visionario para incluir estándares de calidad que hoy en día la mayor parte de los teléfonos móviles incorporan, por ejemplo, los datos que aparecen en la pequeña pantalla del artefacto, los colores de las cubiertas y los tonos de llamada.

La empresa vivió una rápida transnacionalización si se toma en cuenta que, en 1986, el 41% de sus ventas se concentraba en Finlandia, para, diez años más tarde, colocar ahí solo el 6%. Simultáneamente, la conquista de nuevos

www.emprendedorgrowthmodel.com

mercados fue rápida y dramática. En 1986, los mercados en el continente americano y en Asia-Pacífico no eran importantes, en tanto en 1996 el Grupo Nokia ya colocaba el 16 y el 22% de sus ventas totales en esas latitudes respectivamente.

Su éxito era tal que influyó notablemente en la economía de Finlandia, donde se originó.

Sin embargo, esta empresa que tenía el prestigio de calidad y buen precio, no pudo mantenerse tras la llegada de iPhone y Android por parte de Apple y Google, respectivamente.

Los expertos dicen que la razón por la que Nokia sucumbió fue por la reacción muy lenta ante las necesidades que buscaba su mercado, y se enfocaban erróneamente en los avances tecnológicos de la calidad de voz y transmisión de datos y no en lo que se demandaba, que era la simplicidad de tener todo en la mano como lo reúne hoy un teléfono inteligente.

Pero ¿quiénes debían tomar esas decisiones a tiempo?

Los líderes de Nokia, los mismos que la llevaron a dominar en una época el mercado de telefonía móvil. Sin embargo, ante las circunstancias no pudieron escuchar a su cliente y adaptar su modelo a lo que el mercado demandaba; y, aunque emergiera una alianza estratégica con Microsoft, intentando resurgir esa parte de la empresa de Nokia, finalmente, la empresa de Bill Gates acabó comprando Nokia y la absorbió.

Steve Jobs claramente entendió que no era la tecnología. Consiguió un dispositivo que simplificaba la vida de sus clientes y les daba más información y contenido. Por eso es importante conocer al cliente ideal, su dolor y lo que busca, así como los diferenciados ante la competencia. Aun después de haber lanzado y dominado el mercado con una empresa, los conceptos fundacionales deben ser cuestionados e iterados continuamente para adaptarse al mercado. No importa la cantidad de tiempo ni volumen de venta que tiene una empresa, siempre hay que estresar los conceptos fundacionales para asegurar un nivel alto de adaptación.

En el proceso fundacional, es necesario conocer y establecer estos aspectos. En primer lugar, es primordial conocer la mentalidad del emprendedor y cuál es su propósito al iniciar este emprendimiento. Pero luego, en segundo lugar, lo más importante es entender si el modelo de negocio se adapta a esta vida y al mercado que desea conquistar. En tercera instancia, hay que tener un modelo de lanzamiento iterativo para poder probar y mejorar continuamente la oferta del negocio y adaptarse al mercado y a lo que desean los clientes.

De modo que nuestro modelo EGM se enfoca en estos aspectos antes de realizar el modelo fundacional de un emprendimiento: mentalidad del emprendedor, conceptualización del producto, y adaptación y prueba de conceptos para un lanzamiento exitoso.

En este libro nos enfocamos en el modelo Fundacional, porque sabemos que el 87% de las empresas tienen oportunidades en esta área y, adicionalmente, no podemos acelerar el crecimiento de una empresa si sus fundamentos no son sólidos.

www.emprendedorgrowthmodel.com

Fase de EGM™ Aceleración

- Flujo de efectivo
- Optimización de la utilidad
- Documentación de procesos
- Innovación
- Producto o servicio
- Flujo constante de prospección
- Personas

ACELERACIÓN

Una vez que la fase EGM Fundacional cumple su objetivo de establecer bases sólidas para nuestra empresa, comprobando que todos los conceptos y estrategias que vamos a desarrollar en este libro se hayan aplicado y estén funcionando exitosamente, el negocio pasa a un proceso de aceleración de crecimiento, el cual tiene como objetivo que el negocio genere *momentum*.

Haber lanzado un producto o servicio es una cosa, y que el negocio gane aceleración y crezca de manera consistente es otra.

Para lograr esa inercia de crecimiento necesitamos enfocarnos en los siguientes pasos:

Producto o servicio

Esta es la conclusión del proceso fundacional: un producto o servicio exitoso. Ahora debemos concentrarnos en perfeccionar lo que ofrecemos. El proceso iterativo de prueba que habíamos usado en la fase fundacional, necesitamos seguir aplicándolo a medida que aprendemos más y más de nuestro cliente.

Sin embargo, no solo podemos enfocarnos en él. Un error común de todo emprendedor es que está tan enamorado de su producto o servicio, que invierte gran parte de su energía en su perfeccionamiento.

Al hacer esto se le olvida de que, así como el producto es importante, tener un proceso de ventas que funcione de manera consistente es igual de importante, y necesita trabajar en construirlo.

Flujo constante de prospección

En este proceso, el empresario aprende a desarrollar un proceso de captación de prospectos para generar ventas de manera consistente.

Muchos emprendedores manejan su negocio como un péndulo donde invierten mucha energía en conseguir clientes por un período determinado (digamos un mes, por ejemplo) y luego enfocan toda su energía en entregar el producto o servicio a dichos clientes por los siguientes meses hasta que se le acaban los consumidores.

Luego vuelven nuevamente a invertir el tiempo en buscar más clientes y, al conseguirlos, dejan a un lado el proceso de captación para servir a los clientes captados.

Este proceso lo hacen una y otra vez, y se convierte en una piedra en el camino para permitir crecer el negocio de manera consistente.

La clave está en generar un proceso que mantenga la entrada de prospectos y, en consecuencia, clientes de manera constante.

Eso es lo que te permite hacer ventas, lo cual te trae de manera consistente dinero, también llamado flujo de efectivo.

Flujo de efectivo

Cuando esta dinámica de flujo de prospectos se da, nos permite tener el flujo de efectivo constante que se convierte en el oxígeno del negocio.

Repito: el efectivo es el oxígeno del negocio.

Un negocio con mucho efectivo puede respirar muy bien, y respirar te da energía y vida. Respirar te permite crecer.

Un negocio con poco efectivo es un negocio asmático, con muy poca energía y vida.

Un negocio sin efectivo es un negocio muerto. No importa qué tan fantástico sea el producto o servicio, el equipo, las oficinas o la página web, la falta de efectivo es igual a la muerte del negocio.

Optimización de la utilidad

El segundo problema común de los emprendedores es lo que se llama en inglés el *leaky bucket* (o "cubeta con un agujero", en español). Es decir, están produciendo dinero, pero lo están perdiendo a la misma velocidad.

No están siendo eficientes con el uso del dinero o, en otras palabras, del oxígeno.

Esta fase tiene que ver con hacer un análisis de la estructura de costos de la empresa y comenzar el proceso de optimizarla con el objetivo de maximizar la cantidad de efectivo que permanece en la misma.

Este efectivo es el que nos permitirá hacer crecer la empresa aceleradamente al invertirlo correctamente en mercadeo, equipo, innovación, etc.

Documentación de procesos

En el momento que has logrado crear un proceso de ventas exitoso y tienes el aspecto financiero de tu empresa bajo control, es momento de comenzar a documentar lo que funciona.

¿Por qué es importante documentar? Porque el tercer error más común de muchos emprendedores es mantener todo el aprendizaje y sabiduría en su memoria, y eso no es duplicable. Esto trae como consecuencia que el único que sabe manejar el negocio correctamente es el emprendedor.

¿Entiendes por qué el emprendedor se hace a sí mismo el esclavo de su negocio?

Innovación

Todo negocio necesita estar en constante innovación.

Cuando hablamos de innovación, muchos emprendedores se enfocan en invertir en las herramientas o actividades incorrectas, nublados en varias ocasiones por las nuevas tecnologías que los hacen sentir que están innovando, cuando en realidad no lo están.

Innovación es algo mucho más simple.

Innovación es resolver los nuevos problemas de tus clientes, o resolver de una mejor manera sus problemas actuales.

Personas

Las personas son el motor de la organización y las dividimos en tres grupos:

nuestros proveedores, nuestro equipo y nuestros clientes.

La clave está en desarrollar un negocio bajo la filosofía ganar-ganar-ganar. Con esto me refiero a que uno como emprendedor siempre debe velar para que:

a) Nuestros proveedores ganen: son una parte esencial de nuestra cadena de suministro y debemos tratarlos siempre como socios.

b) Nuestro equipo gane: los empleados y contratistas de la empresa deben estar entusiasmados y reconocidos. Deben sentirse ganadores, nunca deben sentirse aprovechados.

c) Nuestros clientes ganen: un cliente satisfecho se logra cuando tenemos una obsesión por entregar más valor que el valor que el cliente nos da en dinero. Clientes que se sienten ganadores se convertirán en clientes leales y embajadores de nuestra marca, producto o servicio.

Fase de EGM™ Escala

El ciclo de E-volución

- Líder por diseño
- Equipo por diseño
- Negocio por diseño
- Vida por diseño
- Startup

ESCALA

Cuando hemos logrado la estabilidad del negocio e, inclusive, el crecimiento esperado, pasamos al ciclo de Escala, el cual se enfoca en la descentralización del emprendedor, para que este pueda dedicarse a construir su vida ideal.

El objetivo de esta fase del proceso EGM™ es conseguir dos liberaciones:

1) Liberar al dueño del negocio.

2) Liberar al negocio del dueño.

Así como el dueño busca libertad, en la mayoría de los casos el negocio busca también libertad para crecer y expandirse. Esta fase cuenta con los siguientes pasos:

Líder por diseño

El dueño necesita crecer como líder. John Maxwell, en su libro *Las 21 leyes irrefutables del liderazgo*, dice lo siguiente respecto a su primera ley, la Ley del Límite:

La Ley del Límite establece que "la capacidad del liderazgo del dueño determina el límite del crecimiento de la organización."

Tu límite de crecimiento como persona, en tu trabajo o negocio, está determinado por tu nivel de liderazgo. Mayor liderazgo es igual a mayor eficacia.

La dedicación al éxito es importante. También lo es el talento y la inteligencia, pero, sin la habilidad de liderazgo, nunca podrás escalar tu empresa.

Por eso, es sumamente importante enfocarse en el desarrollo del dueño como líder.

www.emprendedorgrowthmodel.com

Equipo por diseño

En esta fase, el objetivo es un diseño del equipo bajo una estructura pensada en la escalabilidad. Para ello definimos dos tipos de equipos:

Equipo externo: en el ámbito externo de la empresa, el emprendedor necesita la asesoría de personas o servicios que le permitirán adquirir nuevas técnicas en las áreas donde sean necesarias y/o compartir experiencias con personas que le puedan ayudar a ampliar sus conocimientos o a tomar decisiones.

Equipo interno: dentro de la empresa existirá alguien que se convierta en tu mano derecha (Integrador) y otras personas compondrán tu equipo de liderazgo. Estas personas estarían ya capacitadas para tomar decisiones porque el proceso los habrá empoderado con la finalidad de descentralizar la función del dueño en la empresa.

Negocio por diseño

El objetivo de la fase de negocio por diseño es que este opere sin el emprendedor, porque tiene un proceso de delegación, un sistema de rendición de cuentas y una dinámica operativa donde todo el mundo está alineado y remando en la misma dirección.

Vida por diseño

Aquí viene la tan esperada vida por diseño del emprendedor. En esta fase se define el compromiso de recursos (principalmente tiempo) del dueño en la empresa, y se establece un plan de acción para el resto de la nueva vida libre del emprendedor.

Él mismo puede utilizar su tiempo para llevar a su empresa al siguiente nivel, comenzar una nueva o vivir una vida completamente diferente a su deseo.

Como puedes ver, el modelo EGM™ es un modelo completo que comienza en el nacimiento y fundación del negocio, y finaliza en la escala y liberación del dueño.

Nuestro proyecto es escribir tres libros. Uno para cada fase. En este momento tienes en tus manos el libro que profundizará en la primera fase: la fundacional.

Independientemente del tamaño de tu negocio, siempre es necesario comenzar por la fase fundacional por una razón muy sencilla: sin bases sólidas será imposible hacer que el negocio crezca y mucho menos escalarlo. Queremos construir un rascacielos, no una casa de naipes.

¿Cómo saber si necesitas el modelo de negocio EGM™?

Si te identificas con alguna de las situaciones que te presentamos a continuación, nuestro modelo puede ser el camino para lograr establecer lo que anhelas:

1. No tienes un negocio todavía y quieres un proceso que te lleve paso a paso para definir correctamente tu idea, comprobarla y lanzarla al mercado maximizando posibilidades de éxito.

2. Ya tienes un negocio pero no está creciendo a la velocidad que deseas. Tienes frustraciones como emprendedor y necesitas un sistema que te permita definir y corregir lo que no está funcionando.

3. Buscas un sistema comprobado que garantice el éxito en escalar y delegar funciones con un sistema comprobado que pueda ayudarte en el proceso de desarrollo y escala de tu negocio.

Si te encuentras en alguna de estas posiciones, el modelo de negocio EGM es para ti.

www.emprendedorgrowthmodel.com

El haber tomado la decisión de emprender algo nuevo es un gran paso. Muchas personas se quedan en el deseo de tener sus propios negocios, ser sus propios jefes, manejar sus horarios. Son pocos quienes dejan lo que se considera a veces "estabilidad financiera" para dar el paso de ser independientes. No se pude negar que este gran paso también envuelve riesgos, pero definitivamente es una gran puerta a muchas oportunidades.

EL EMPRENDEDOR INTELIGENTE

www.emprendedorgrowthmodel.com

Segunda parte:
LA MENTALIDAD DEL EMPRENDEDOR

La razón número uno por la que la mayoría de las personas no consiguen lo que quieren es que no saben lo que quieren.

T. Harv Eker

Cuando comencé mi primer negocio (Cesar), vi una oportunidad de mercado y me lancé a solucionarla. Poco me cuestioné por qué lo hacía, o cómo definía el éxito en mi emprendimiento. Solo sabía que quería comprobar que podía tener un negocio exitoso en un país nuevo y con mi vida nueva.

Sabía que tenía que ganar dinero para sustentarme, pero no estaba seguro de cuánto. Toda mi energía estaba enfocada en comprobar el modelo y crecer.

Después de siete años en el negocio, me di cuenta de que, aunque había logrado económicamente lo que quería, en los ámbitos emocional y físico estaba estancado. Resentía el negocio que tenía.

No era la vida que me imaginaba cuando comencé el negocio.

Esta historia la veo repetirse constantemente entre emprendedores. Muchas veces comenzamos negocios sin cuestionarnos el porqué y el para dónde voy. No nos cuestionamos la razón y meta de tener negocio propio. Veo que continuamente son preguntas que se nos olvida hacernos, y que nos ayudarían a prevenir años de frustraciones, resentimientos, dinero, tiempo y energía.

Cuando ponemos el corazón y la voluntad en nuestro emprendimiento, es más fácil superar los obstáculos. Sin embargo, necesitamos organizarnos mentalmente para utilizar nuestras fortalezas y trabajar sobre nosotros mismos, de modo que desarrollemos una mentalidad de emprendedor que camina hacia su meta utilizando todo lo que posee a favor de su objetivo.

Ante todo, es importante preguntarnos sobre las metas y propósitos que tenemos para iniciar cualquier emprendimiento. De este modo podemos establecer una conexión entre la realidad del presente y los recursos que se poseen para alcanzar dichas metas. Pero es igualmente importante conocer nuestras fortalezas y debilidades.

La mentalidad del emprendedor incluye también conocer cuál es su capacidad de riesgo, su propensión a innovar y cuáles son los pensamientos limitantes que previenen la audacia para tomar esos riesgos. Todos estos aspectos van a jugar un papel muy importante en las distintas etapas de crecimiento del negocio. Como empresario, tomarás decisiones y acciones según todas estas características.

Sin embargo, cuando un negocio utiliza la estrategia del modelo EGM™ Fundacional, se asegura de tomar todos estos factores en cuenta para poder entender claramente los "por qué", "para qué" y "hacia dónde". Esto nos hace falta para darnos la energía y resiliencia que va a exigir nuestro negocio.

Alinear nuestro propósito y fortalezas a nuestro trabajo nos ayuda a crear armonía entre nuestra vida personal y profesional, que en el ámbito del emprendimiento están tan atadas. Esta alineación nos permite alcanzar las metas más rápidamente y con menos esfuerzo. Todo esto asegura una estabilidad en las curvas que pueda presentar el camino, y precisión en la toma de mejores decisiones.

EL EMPRENDEDOR INTELIGENTE

www.emprendedorgrowthmodel.com

CAPÍTULO 4:
La psicología del emprendedor

(Extracto del Libro Emprendedor: Conquista el arte de los negocios, *de Victor Hugo Manzanilla)*

La psicología del emprendedor es uno de los aspectos más importantes para tener en cuenta al momento de emprender, ya que el 80% de esta batalla se llevará a cabo en nuestra mente. Muchas veces, creemos que lo que necesitamos principalmente tiene que ver con conocimientos, estrategias y técnicas. Sin embargo, sin soslayar su importancia, aunque tengas un gran conocimiento, te será muy difícil construir un negocio exitoso si no conquistas tu psicología.

El consciente y el subconsciente

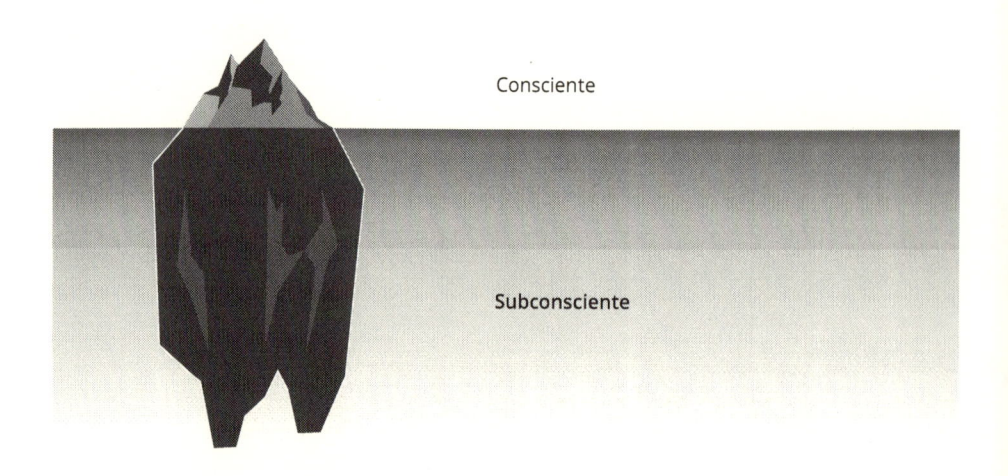

Consciente

Subconsciente

Existe una parte de nuestra mente a la que llamamos consciente, como se muestra en la imagen de la metáfora del iceberg. Allí se puede ver lo que es el consciente y subconsciente.

El consciente es justamente aquello de lo cual estás al tanto. Por ejemplo, sabes que estás leyendo este libro. Sabes lo que estás pensando. Todo lo que sabes que está pasando es tu consciente.

A veces pensamos que el consciente es toda nuestra mente, pero, en realidad, es un pequeño porcentaje de lo que es la mente. La parte más grande es lo que denominamos el subconsciente.

El subconsciente es una gran parte de la mente (de la cual no estamos conscientes) que siempre está en la búsqueda, trabajando y haciendo que las cosas sucedan. Esa parte de tu mente trabaja en piloto automático.

Mientras el subconsciente trabaja, tú no te das cuenta.

Por ejemplo, cuando creamos un hábito, pasamos una actividad de nuestra parte consciente a nuestra parte subconsciente. El hecho de repetir cada mañana la acción de cepillarnos los dientes hace que nuestro cerebro la transfiera del proceso consciente (estoy pensando que tengo que cepillarme los dientes) al proceso subconsciente (al despertarme y, en piloto automático, voy y me cepillo los dientes).

¿Por qué nuestro cerebro mueve tareas del consciente al subconsciente? Porque necesita conservar energía. Cada vez que piensas, gastas energía. Entonces, para protegerse de pensar en miles de tareas al día, pasa las repetitivas a un "piloto automático".

Una poderosa analogía de lo que es el subconsciente es la siguiente: imagina que tienes un ejército de empleados trabajando en una fábrica que produce día y noche, y que tiene el objetivo de hacer realidad lo que creas que es verdad.

(Nota que dije que esta fábrica va a producir lo que *creas* que es verdad, no necesariamente lo correcto o lo que te beneficie).

Esta fábrica va a producir lo que le digas. Seguirá tus órdenes y se regirá por tu propia programación. Ella no va a producir la realidad, sino solo aquello que creas que es la realidad.

El subconsciente siempre estará buscando y produciendo soluciones para convertir aquello que crees que es verdad en realidad.

Por ejemplo, si crees que no eres bueno para nada, esto es lo que tu subconsciente llevará a la realidad. Si crees que la "verdad" es que nunca te despiertas temprano y con buen humor, que te enojas fácilmente, o eres una persona que no tiene la capacidad para tal o cual cosa, "tus empleados en esta fábrica" trabajarán día y noche para crear eso en tu vida.

Por el contrario, si eres una persona que piensa que todo lo puede lograr, o que la vida es una gran oportunidad, o que el fracaso te trae aprendizaje, entonces tu subconsciente trabajará de manera constante en hacer que eso sea una realidad en tu vida.

Si queremos llegar al éxito en la vida y en los negocios, la única manera de hacerlo es reprogramando nuestro subconsciente.

Conscientemente puedes desear tener dinero, un negocio exitoso, una buena relación con tu familia o salir de vacaciones varias semanas al año. No obstante, si subconscientemente crees que no eres bueno para nada, que no mereces ser próspero o que el dinero es malo, tu subconsciente estará produciendo resultados basándose en esa imagen negativa que tienes de ti mismo.

Si no reprogramas tu subconsciente, te saboteará por el resto de tu vida.

Aunque no lo creas, es probable que muchos de tus fracasos hayan sido tu mismo subconsciente saboteándote por algún pensamiento limitante que crees que es verdad.

Cuando era niño (Victor Hugo) me encantaba jugar al fútbol. Desempeñaba la posición de portero y era parte del equipo de mi escuela.

Tenía dudas de mi capacidad como jugador y una baja autoestima. Por un tiempo me sentí como el peor portero del equipo.

Como creía que era un mal portero, mi subconsciente trabajaba día y noche en hacer esa creencia una realidad: mal portero. Cada vez que me metían un gol, me repetía la misma idea: eso te pasa por malo (y también mis compañeros de equipo colaboraron mucho en repetirme lo malo que era).

Al decirme que era malo, confirmaba la creencia de mi subconsciente, el cual integraba aún más ese pensamiento en mi vida, y me hacía un peor portero.

Pasaba por este ciclo vicioso de los pensamientos limitantes:

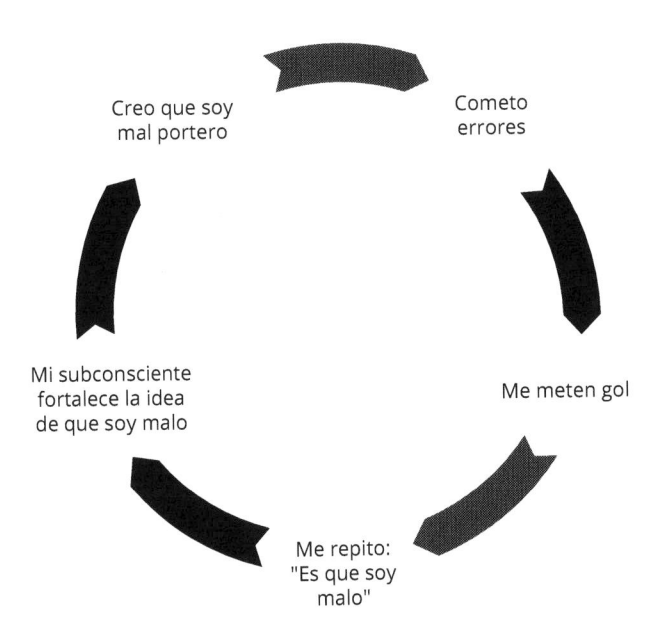

SEGUNDA PARTE: **LA MENTALIDAD DEL EMPRENDEDOR** | CAPÍTULO 4

Creo que soy mal portero → Cometo errores → Me meten gol → Me repito: "Es que soy malo" → Mi subconsciente fortalece la idea de que soy malo

Un día pusieron a otro portero en el equipo y lo hizo terrible (¡se desempeñó peor que yo!).

Yo estaba sentado al lado del papá de mi mejor amigo, quien voltea y me dice: "¿Por qué no te pusieron a ti? ¡Tú sí que eres un buen portero!".

Esas palabras, viniendo de un adulto, me transformaron. Por un momento creí lo que él decía. ¡Quizás yo era un buen portero!

En el siguiente juego me pusieron a mí. A los 15 minutos de comenzado, disparan un balón con toda fuerza a mi portería.

Lo paré como si fuera un profesional.

Creer que era bueno me hizo jugar mejor. Jugar mejor me hizo creer que era bueno. El ciclo se revirtió a mi favor:

EL EMPRENDEDOR INTELIGENTE

```
        Juego bien
Creo que soy
buen portero
                Paro los
                intentos de gol
Mi subconsciente
fortalece la idea de
que soy bueno
        Me repito:
        "qué bueno
        fui"
```

Este ejemplo sucede día a día en la vida y en los negocios de las personas que no son conscientes de cómo sus creencias les afectan.

Es vital comprender que existe todo un universo en tu mente y que está trabajando a favor de ti o en tu contra.

Permíteme mostrarte estos dos casos: Sofía cree que las caídas en la vida son una puerta para el aprendizaje, mientras que Raúl cree que, como no fue a la universidad, nunca llegará a ser alguien importante en la vida.

Ambos tienen deseos de éxito y deciden comenzar su emprendimiento. En el momento que Sofía recibe su primera mala noticia, inmediatamente su mente busca aprendizaje. Su pregunta al nivel subconsciente es: "¿Qué puedo aprender para que esto no me vuelva a suceder?".

Esta manera de pensar la llevará a aprender, corregir y obtener mejores resultados en una próxima oportunidad. Su entusiasmo se mantendrá alto porque de esta mala experiencia obtuvo algo invaluable: aprendizaje.

www.emprendedorgrowthmodel.com

Por otro lado, Raúl tendrá una experiencia diferente. Se enfrentará a la misma mala noticia. Su subconsciente le afirmará lo siguiente: "Fracasaste porque no fuiste a la universidad. Por eso es que no puedes".

Su mente se enfocará en todos los emprendedores graduados de universidad que han sido exitosos y también bloqueará a los emprendedores no-universitarios exitosos. Su subconsciente solo le permitirá ver los casos que confirman su creencia.

Se convencerá de que la razón por la cual no podrá tener éxito es porque no se graduó de una universidad y, probablemente, desistirá de su emprendimiento.

Como decía Henry Ford: "Si crees que puedes o no puedes, estás en lo correcto".

Todo parte de tus creencias.

Mentalidad de crecimiento y estática

Emprender requiere de ciertas habilidades que son necesarias desarrollar para poder convertirte en un buen emprendedor. Nadie nace con todas esas características y habilidades, por lo tanto, es necesario aprenderlas.

Existen dos estrategias de pensamiento que las personas tienen en sus vidas: *un pensamiento de crecimiento* y *un pensamiento estático*.

En el libro *Mindset: La actitud del éxito*, Carol S. Dweck contaba sobre un colegio en donde a los estudiantes que reprobaban una materia, en lugar de darles una mala calificación, los maestros escribían en su reporte *not yet*, es decir "todavía no" o "aún no está listo".

En esta escuela, cuando los alumnos obtenían esta forma de calificación, implicaba que no estaban listos, no que habían fracasado. Les daban el claro mensaje de que todavía había cosas que debían aprender. Esto resultó mucho más eficaz que utilizar la letra "F" (de fracaso, o *fail* en inglés).

Este ejemplo muestra la diferencia entre los dos tipos de mentalidad: la estática (si fracasaste entonces fracasaste) y la de crecimiento (todavía te falta un poco de camino).

En la mentalidad de crecimiento, las habilidades se adquieren con trabajo duro. Es decir, las personas tienen una convicción en los niveles consciente y subconsciente de que con trabajo y esfuerzo se puede desarrollar cualquier cosa que quieras.

Por otro lado, una persona con una mentalidad estática piensa que uno tiene las habilidades o no las tiene. No existe espacio para crear una habilidad que no existía. O eres naturalmente bueno para algo, o no lo eres. (De ahí frases como "yo nunca he sido bueno para las ventas por eso no sirvo para vender").

Una de las experiencias que me ayudaron a desarrollar este tipo de mentalidad fue aprender música. Empecé a estudiar música tarde en la vida. La mayoría de las personas comienzan a estudiar música desde niños entre las edades de los siete a nueve años. Yo empecé a los dieciocho años.

El ver a mi mejor amigo de la universidad tocar el piano para enamorar a la chica que me volvía loco, fue la motivación que necesitaba para iniciar este nuevo camino.

Cuando empecé a estudiar piano, me di cuenta de que mis dedos eran torpes. Para mi habilidad motora, tocar el piano era algo desconocido; los días de práctica eran frustrantes, llenos de errores y notas disonantes.

Sin embargo, también comencé a notar que, después de practicar lo suficiente y tomarme un descanso, empezaba a tener pequeños éxitos. Si antes me equivocaba todo el tiempo, ahora lograba terminar el ejercicio con éxito.

www.emprendedorgrowthmodel.com

Luego, tocaba bien dos, tres y cuatro veces más, hasta que llegaba el momento en que desempeñaba el ejercicio exitosamente, superando así el número de mis equivocaciones.

Si seguía practicando notaba cómo el ejercicio o la melodía se grababan en mí, al punto que no tenía que pensar en cuál era la siguiente nota musical.

Luego entendí que, de tanto practicarla, la misma se integraba a mi subconsciente y ya no tenía que pensar en ella. Podía tocarla hasta con los ojos cerrados. La canción fluía correctamente porque se convertía en una parte integral de mi ser.

El aprender música llamó mucho mi atención porque me enseñó (de una manera relativamente rápida) cómo funciona el proceso de aprendizaje. Cómo desde cero, podía desarrollar una experticia en un campo tan desconocido como lo era la música en mi caso.

El proceso que experimenté aprendiendo música (y vale la pena destacar que nunca enamoré a una chica con mis canciones), se aplica a cualquier área de la vida, incluyendo el emprendimiento.

Una persona con mentalidad de crecimiento siempre piensa que puede mejorar. Esta persona piensa: "No importa si soy bueno o malo en algo, siempre puedo mejorar un poco a la vez hasta llegar al punto deseado".

Por otro lado, una persona con mentalidad estática piensa: "Soy lo que soy y nada más".

Te invito a reflexionar en las diferentes áreas de tu vida para que te des cuenta de si has desarrollado mentalidad de crecimiento o mentalidad estática.

En efecto, puede suceder que una persona tenga mentalidad de crecimiento en un área de su vida, como por ejemplo en los negocios (ya que ha tenido la experiencia de crecer uno); pero puede tener una mentalidad estática en otras áreas como el deporte o las relaciones personales (la persona puede creerse una mentira cómo: "Yo no sirvo para correr").

Las personas con mentalidad de crecimiento y mentalidad estática ven los retos de diferente forma: la primera lo ve como una oportunidad de crecimiento, mientras que la segunda como algo que debe evitarse, para no arriesgarse al fracaso.

De la misma manera, en los negocios ven a la competencia con perspectivas completamente opuestas: las personas con mentalidad de crecimiento ven a los competidores bajo el concepto de Simon Sinek, "rivales dignos". Personas y empresas que, al competir contigo, te ayudan a estirarte, crecer y desarrollar un mejor producto o servicio. Las personas con mentalidad estática ven a la competencia con repulsión y se ven profundamente amenazados. La competencia los puede humillar, y no hay nada peor que ser humillados.

Una persona con mentalidad estática piensa: "¿Para qué intentarlo?", mientras que una persona con mentalidad de crecimiento dice: "Los retos son oportunidades para crecer, independientemente de si tengo éxito o no. Al final siempre aprenderé".

La persistencia desarrolla la habilidad, y el carácter se va fortaleciendo durante este proceso. Esto es lo que piensan las personas con una mentalidad de crecimiento. Por esa razón, cuando se enfrentan a batallas y obstáculos, cuando caen o la vida les da un golpe, o cuando su negocio sufre, en lugar de amilanarse, se fortalecen, se animan y siguen persistiendo.

Ellos ven la persistencia como una herramienta para crecer en lo difícil de las cosas. De la misma manera en que levantar una pesa difícil en el gimnasio te desarrolla el músculo, las personas con mentalidad de crecimiento entienden que, a mayor dificultad, mayor debe ser la persistencia.

Las personas con mentalidad estática ven la persistencia como una pérdida de tiempo. Si no vas a crecer ni aprender nada, ¿para qué persistir? Adicionalmente, estas personas piensan que lo sucedido fue cuestión de mala suerte, culpa de otros o del destino. Si aquel negocio no funcionó, fue mala suerte. Si la vida le dio un golpe, fue mala suerte, y así piensan sucesivamente en todo lo que intentan.

Una persona con mentalidad de crecimiento no ve la situación como mala o buena suerte. La misma entiende que hay factores externos y no controlables que afectaron la situación, pero siempre hay algo que está dentro de su control.

Una persona de mentalidad estática que pierde su vuelo porque un accidente en la autopista creó un caos de tráfico, siempre le echará la culpa al tráfico. Una persona con mentalidad de crecimiento llegará a la conclusión de que, en el futuro, debería salir una hora antes de lo previsto porque yendo al aeropuerto pueden ocurrir imprevistos.

Para las personas con mentalidad de crecimiento, el esfuerzo es indispensable. Ven el esfuerzo como un vehículo que las llevará a nuevos horizontes en los que obtendrán nuevas capacidades y habilidades. Por el contrario, las personas con mentalidad estática siempre buscan el camino de menor esfuerzo porque, como no creen en el crecimiento, buscan hacer lo mínimo para salir del paso, terminar la tarea y así volver a su rutina.

Las personas con mentalidad de crecimiento piensan que las opiniones que le dan otras personas son útiles y necesarias. En consecuencia, generan ambientes donde invitan a otros a dar su opinión. Entienden que la perspectiva de los demás puede revelar puntos ciegos. La retroalimentación es para ellos un regalo, una gran oportunidad de que alguien más les diga aquello que no logran ver y, por ende, un escalón más para mejorar y crecer.

Por su parte, una persona con mentalidad estática piensa que las opiniones ponen de manifiesto sus fallas y crea una situación negativa que la deja expuesta. Para este tipo de personas, la retroalimentación es negativa. Reaccionan mal ante ella. Sienten que la han atacado y que la están humillando.

El último punto que quiero destacar tiene que ver con el fracaso. Las diferencias son abismales. Una persona con mentalidad de crecimiento sabe que los fracasos enseñan. Entienden que sí o sí, en todo intento algo se aprende. Cualquier fracaso les permite prepararse mejor para el segundo intento.

En cambio, las personas con mentalidad estática se desmotivan y decaen por el fracaso. Lo intentaron y fracasaron. Piensan que nunca debieron haberlo hecho. Si pudieran volver atrás, definitivamente no intentarían las cosas que los llevaron a fracasar. Estas personas viven una vida de arrepentimiento.

Es importante destacar que el fracaso es solo un fracaso si haces de los pretextos tus aliados, mientras que, si haces del aprendizaje tu mayor aliado, estarás en el camino del éxito. Estarás caminando exitosamente.

Mentalidad de crecimiento	Mentalidad estática
• Las habilidades se adquieren con esfuerzo	• Las habilidades se tienen o no se tienen
• Siempre hay lugar para mejorar	• Eres lo que eres
• Los retos son oportunidades para crecer	• Los retos deben evitarse ya que puedo fracasar
• La persistencia desarrolla tu habilidad y carácter	• La persistencia es una pérdida de tiempo
• El esfuerzo es indispensable	• Busca el camino de menor esfuerzo
• La retroalimentación es útil y revela mis puntos ciegos	• La retroalimentación muestra al mundo mis fallas: me humilla y es defensiva
• Los fracasos me enseñan	• Los fracasos me desmotivan

A lo largo de este libro aprenderás muchas cosas nuevas que, al ponerlas en práctica, te harán sentir incómodo(a). Por eso es importante que puedas analizarte en este momento y hacerte la siguiente pregunta: "¿Estoy actuando con mentalidad de crecimiento o mentalidad estática?". También es primordial que confíes en el proceso de crecimiento.

Tú puedes ser lo que quieras ser. Puedes convertirte en un gran emprendedor y mucho más.

El proceso de desarrollo de maestría en el emprendimiento

¿Por qué estoy convencido de que puedes convertirte en lo que quieras? Porque existe un proceso universal que te lleva desde donde estás hoy hasta un nivel de maestría en cualquier cosa que quieras aprender en tu vida.

Por "maestría" me refiero a un nivel de conocimiento y experiencia en donde la mayoría de las decisiones y acciones que tomas tienen éxito.

El proceso para desarrollar maestría pasa por cuatro etapas. Esto se aplica para aprender a manejar un vehículo, tocar un instrumento musical o, en este caso, convertirte en un gran emprendedor.

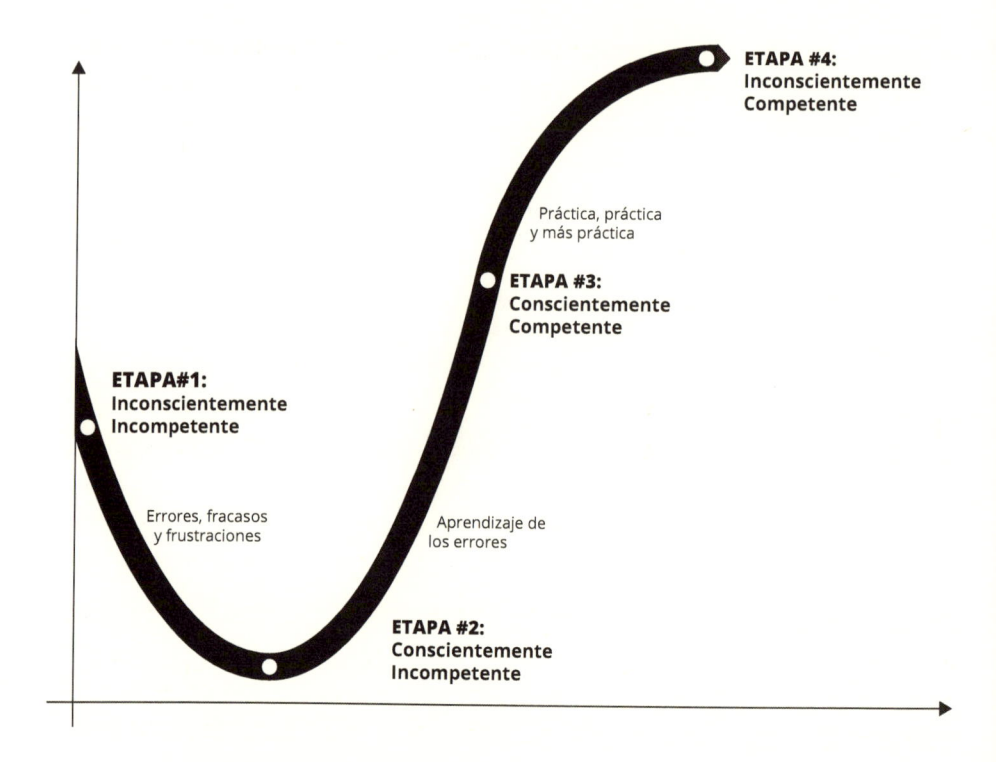

ETAPA #1: Inconscientemente Incompetente

Errores, fracasos y frustraciones

ETAPA #2: Conscientemente Incompetente

Aprendizaje de los errores

ETAPA #3: Conscientemente Competente

Práctica, práctica y más práctica

ETAPA #4: Inconscientemente Competente

Inconscientemente incompetente

Todo proceso de aprendizaje comienza en la etapa 1: inconscientemente incompetente.

Somos incompetentes en un área, pero, como no sabemos que somos incompetentes, estamos felices y llenos de motivación.

Te presentan un nuevo negocio y sientes que vas a comerte el mundo entero. Te ofrecen un nuevo trabajo con un ascenso y cada día llegas a la oficina con un gran entusiasmo.

¿Por qué hay tanto entusiasmo?

Porque eres incompetente y no lo sabes.

Inicias un negocio, un proyecto nuevo, una dieta, un nuevo plan de ejercicio basado en ese entusiasmo y, de pronto, las cosas empiezan a salir mal: comienzas a fracasar, a equivocarte, las oportunidades no surgen como pensabas y todo comienza a decaer.

Estos errores, fracasos y frustraciones te llevan al punto de no querer intentar nada más.

Ese es el momento donde la mayoría de las personas piensa: "No sirvo para ser emprendedor. Mejor vuelvo a mi empleo", "este negocio no sirve", "no sirvo para las ventas", "en verdad no soy bueno en esto", y renuncian.

Sí, aquí es cuando la mayoría de las personas renuncian.

Debido a que se perdió la motivación, tu mente y subconsciente empiezan a tomar el control y a manejarte de la manera que crees que eres. Si crees que eres una persona mala para las ventas, tu subconsciente asume el control y dice: "¿Te das cuenta?, ¡te dije que eras malo para las ventas! Renuncia, mira lo desmotivado que estás. Todo te ha salido mal".

Antes eras incompetente pero no lo sabías, ahora ya lo sabes.

Conscientemente incompetente

Saber que eres incompetente en un área es un golpe duro para muchos. La realidad es que es totalmente normal ser incompetente en algo que nunca has hecho antes.

Las personas con mentalidad estática renuncian. Se dan cuenta de que no "nacieron" para ser emprendedores.

Las personas con mentalidad de crecimiento saben esto: la clave para salir del hoyo y empezar a escalarlo es aprender de sus errores. Estas personas entienden que es totalmente normal ser incompetentes y saben que todo en la vida es un proceso de aprendizaje. Se dicen cosas como:

"No soy bueno en esto o aquello, todavía. No sé de finanzas, todavía. No sé vender, todavía".

Se preguntan, ¿cómo puedo aprender?

Deciden buscar un mentor, inscribirse en un curso, pedirle ayuda a su jefe, a un colega o algún amigo o deciden leer un libro como este.

También comienzan un proceso de retroalimentación consistente donde aprenden de sus errores.

Con este nuevo aprendizaje logran un poquito más de éxito. Siguen teniendo fracasos, pero pequeños éxitos aparecen de vez en cuando.

Estas personas empiezan cada vez más a experimentar estos pequeños éxitos. La motivación sube. Siguen teniendo fracasos, pero poco a poco son más los éxitos que experimentan.

Empiezan a creerse que son competentes.

Conscientemente competente

En esta, etapa las personas se dan cuenta de que existe una conexión entre el conocimiento, aprender de sus errores y el éxito.

Esta etapa tiene algo en particular: necesitas estar enfocado(a) para lograr el éxito. Tienes el conocimiento al nivel consciente. Sabes cómo hacer las cosas, pero siempre debes estar concentrado en lograr tu objetivo. Ahora el éxito depende de ti. Ya aprendiste la ciencia del éxito en esa área en específico.

www.emprendedorgrowthmodel.com

En esta etapa puedes tocar una canción en el piano sin equivocarte, o puedes trabajar con esfuerzo y enfoque en crear un robusto plan de negocios, pero necesitas darle toda tu energía y enfoque.

A partir de este punto, algunas personas deciden comprometerse con la práctica.

Practican, practican y practican.

Y practican aún más.

Practican tanto que ese conocimiento y experiencia pasa del consciente al subconsciente.

Inconscientemente competente

Finalmente, llegan a la etapa donde son inconscientemente competentes.

Son competentes, pero al nivel del subconsciente.

Ya lograron integrar la sabiduría, el conocimiento y la experiencia directamente en su mente y pueden hacer las cosas correctamente sin pensarlo.

No solo son muy buenos en lo que hacen, sino que lo hacen de forma natural.

Las otras personas piensan que nacieron con un don.

Un ejemplo sencillo que permite explicar este proceso es andar en bicicleta.

Te dieron tu primera bicicleta de niño y estabas feliz y deseoso de montarla. Te encontrabas profundamente entusiasmado porque eras inconscientemente incompetente.

La verdad es que no sabías andar en bicicleta y, lo que es peor, no tenías ni idea de que no sabías. Habías visto a otros niños andar en bicicleta por tu urbanización y pensabas que era algo sencillo.

Eras feliz cuando te la dieron. Sin embargo, cuando te montaste y te caíste, te raspaste una rodilla y te hiciste un moretón, las cosas cambiaron.

Te diste cuenta de que no podías mantener el equilibrio, y tu motivación empezó a decaer hasta el punto en que probablemente pensaste que no servías para montar en bicicleta.

Todos hemos pasado por algo así, ya sea con la bicicleta, al aprender a manejar un vehículo o con cualquier otra habilidad que hayamos desarrollado. Ese es el proceso normal.

Probablemente, un familiar o un amigo te ayudó en el proceso de aprender a montar en bicicleta. Adicionalmente, aprendiste de tus errores. A lo mejor alguien te aguantó del asiento o el volante y te decía cosas como "no te preocupes, mantén el volante derecho, pedalea, confía".

De repente, los resultados comenzaron a ser positivos. Empezaste a tener pequeños éxitos. Todavía te caías de vez en cuando, pero poco a poco podías mantener el equilibro por diez metros, una cuadra, la bajada más empinada de tu urbanización, y lo demás es historia.

Lograste llegar a la etapa donde eras conscientemente competente. Ahora podías montar la bicicleta, darle la vuelta a la manzana sin caerte y comenzaste a tener más confianza.

Sin embargo, en esta etapa tu mente está concentrada en el volante, el freno, los pedales, en cómo prepararse para la curva que viene, etc.

Estás enfocado(a) al máximo.

www.emprendedorgrowthmodel.com

Con el tiempo llega el momento en el que andas en bicicleta mientras ves el cielo y te ríes con un amigo, todo sin pensar y sin caerte. El proceso de montar en bicicleta se integró a tu subconsciente y ya no tienes que pensar nunca más.

Inclusive sueltas el volante, te lanzas por una bajada a máxima velocidad y disfrutas del viento.

Cuando empecé a trabajar en Procter & Gamble, recuerdo ver con asombro cómo el director de finanzas podía observar una tabla que yo había realizado para él y, en segundos, sacar conclusiones a las que yo, que había creado la tabla, no podía llegar.

Estaba tan impactado que decía cosas como "no creo que esta sea mi carrera, no creo que tenga la capacidad mental; pasé cuatro horas haciendo esta tabla y todavía no entiendo cómo él logró llegar a esa conclusión en solo dos segundos".

Sentía que estaba jugando a béisbol en la AAA y este director era de las grandes ligas. Y así era. Estaba en esta etapa de ser conscientemente incompetente.

Sin embargo, a medida que empecé a someterme a decenas de tablas de finanzas y a diferentes modelos de negocio, comencé a observar algo que no veía antes: estaba llegando a buenas conclusiones de negocios.

Recuerdo que estaba en una reunión de pronóstico de demanda y estaba presentando los resultados de ventas. Este gurú director de finanzas hizo un comentario. Vi la tabla y le planteé una perspectiva alternativa.

Le gustó. Inclusive me dijo que nunca se le hubiera ocurrido.

Algo había cambiado en mí. Con el tiempo entendí qué había sido. Me había movido de un estado incompetente a uno competente. Así como el papá de mi amigo me había animado al decirme que era un buen portero, sentí que este director me había dado la bienvenida a las grandes ligas con su comentario.

¿Qué te lleva a la última y más poderosa etapa? ¿Qué te abre la puerta a las grandes ligas? Nuevos patrones neuronales.

Los patrones neuronales

Los patrones neuronales son "caminos" que se crean en el cerebro de las personas cuando repiten un proceso de pensamiento de manera constante.

En estos procesos de repetición, las neuronas comienzan a conectarse de una forma mucho más eficiente y empiezan a crear "caminos" donde las señales eléctricas se mueven con mucha más facilidad.

Un ejemplo para ilustrar esto es el imaginarse que estás en una finca y sales con un vehículo 4x4 de un punto A hacia un punto B a campo travieso.

Al principio vas lento porque el vehículo tiene que atravesar ríos, rocas, etc. Sin embargo, si empiezas a hacer el mismo recorrido todos los días, se comienza a crear un "camino".

Esos caminos se hacen visibles de tanto transitar por ellos. Ahora puedes ir más rápido porque las rocas se removieron o se destruyeron a medida que pasabas cada día.

Con el tiempo puedes ir mucho más rápido. Y, si sigues transitando el mismo camino con frecuencia, se comenzará a crear un sendero cada vez más plano. Lo mismo sucede en nuestra mente.

Durante estos procesos de repetición y de práctica que ocurren cuando estás en la etapa conscientemente competente, y mientras llegas a la etapa inconscientemente competente, se crean conexiones neuronales que crean caminos de tránsito eléctrico más rápido y eficiente.

Tu cerebro cambia físicamente.

Así integras tu conocimiento.

La gran cantidad de experiencias y tu experticia empiezan a nutrir tu instinto.

La gente piensa que tienes un don natural.

Todo lo que tocas se convierte en oro.

Mi deseo es convencerte e inspirarte de que puedes ser lo que tú quieras ser. Este capítulo te mostró el proceso mental que vas a tener que atravesar para crecer.

De ahora en adelante todo es posible.

EL EMPRENDEDOR INTELIGENTE

www.emprendedorgrowthmodel.com

CAPÍTULO 5:
La importancia de un propósito claro

Lo primero que tenemos que analizar y poner en perspectiva es nuestro propósito en cada cosa que emprendemos. Es importante también considerar qué es lo que nos apasiona, esa actividad que nos hace felices, sin importar el tiempo que pasemos ejecutándola.

Sin embargo, en la realidad, nadie vive haciendo solamente lo que le apasiona.

¿Por qué confundimos perseguir tu pasión con alinear lo que haces con un propósito?

Hay un dicho que todos hemos escuchado y que dice algo así: "Encuentra algo que ames y no tendrás que trabajar ni un día de tu vida".

Es un dicho sabio... hasta donde no lo es. El hecho de que te apasione algo, no significa necesariamente que seas bueno en ello y, el hecho de que seas bueno en algo, no significa que alguien te pagará por hacerlo.

Si realmente disfrutas haciendo algo y eres bueno en ello, pero no puedes ganarte la vida haciéndolo, entonces es un pasatiempo.

Si encuentras una manera de ganar dinero en algo que te apasiona, pero no eres bueno en eso, entonces es difícil competir en el mercado porque no sobresales, ni creas valor.

Si ganas dinero haciendo algo en lo que eres bueno, pero no te apasiona, entonces es solo un trabajo.

Lo que queremos es conseguir algo que nos dé pasión, que seamos buenos en ello, y que podamos generar dinero... Esa es la fórmula mágica que debemos perseguir. Y, si alcanzamos eso... entonces el dicho "Encuentra algo que ames y no tendrás que trabajar ni un día de tu vida" se hará realidad.

El propósito cambió todo

Me encontraba (Cesar) en una encrucijada unos años después de lanzar mi primer negocio, Fit2Go, para entregar comidas frescas a profesionales ocupados que querían vivir estilos de vida saludables.

Al principio me apasionaba mucho el poder comprobar que estaba solucionando un problema en el mercado, que tenía mi propio negocio y que ganaba dinero.

Sin embargo, con el paso del tiempo, mi pasión disminuyó, me di cuenta de que el negocio no estaba alineado con lo que yo quería en mi vida. Eventualmente, administrar el negocio se volvió menos gratificante y más una tarea frustrante que no estaba dando los frutos que yo esperaba.

Entonces, me dupliqué. Empecé a trabajar aún más duro, lancé nuevos proyectos e iteraciones del negocio.

Pero no pude reavivar mi pasión.

Faltaba algo, había perdido mi camino.

www.emprendedorgrowthmodel.com

Fue entonces cuando pasé por el programa de descubrimiento de mi propósito y me di cuenta de lo siguiente:

Todo este tiempo estaba enfocado en hacer dinero, mejorar procesos y crear productos buenos. Sin embargo, el propósito estaba atado a empoderar a la gente.

Fue claro que tenía un patrón que se manifestaba en todas las distintas etapas en mi vida: lo que más me traía pasión era empoderar a personas a mi alrededor a vivir su mejor vida.

Había enfocado mi propósito de manera intuitiva conmigo mismo, al mudarme y crecer mi negocio, pero con el tiempo había puesto mi enfoque en el lugar equivocado. Tenía que enfocarme en empoderar a mi equipo.

Era el momento de ayudarlos a ellos a lograr sus metas.

Eso me encendió una chispa que se había apagado.

Tomé la decisión de enfocarme en mi equipo, y que ellos se enfocaran en el negocio y su crecimiento.

Una vez que entendí mi propósito, pude concentrarme en un plan de transición que pondría las operaciones diarias de Fit2Go en manos de los gerentes, para poder concentrarme en empoderarlos a crecer como líderes.

Eventualmente, dos de ellos me compraron el negocio. Esto me permitió enfocar mi tiempo en lanzar otros dos negocios que se alineaban más a mi propósito: mi negocio de *coaching* The Profit Recipe y un negocio de *software* que ayudaba a restaurantes a mejorar sus operaciones.

Fue entonces cuando entendí, ¡por fin!, el concepto principal del libro de Jim Collins, *De bueno a excelente: por qué algunas empresas dan el salto... y otras no.*

Este concepto se explica en un diagrama que las empresas pueden usar para encontrar el punto óptimo donde brillar. Ese punto óptimo es la intersección de lo que a las empresas les importa profundamente, en qué pueden sobresalir y en qué pueden ganar dinero.

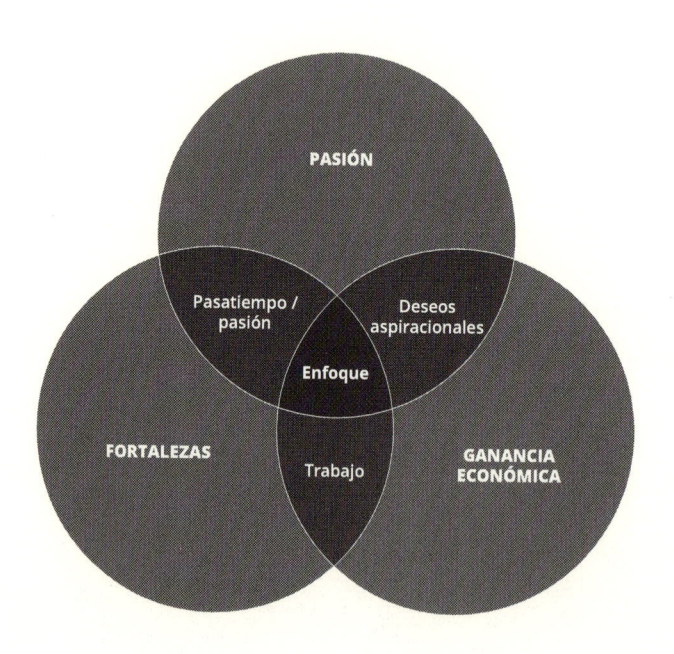

Los tres elementos de un propósito

El Propósito tiene tres elementos para poder ser una fuente de energía al momento de comenzar o crecer tu negocio: pasión, fortalezas y ganancia económica.

Se puede decir que los tres elementos son fundamentales para llevar y mantener una vida con propósito. Después de todo, si no eres bueno en lo que haces y no puedes pagar tus cuentas, es difícil cumplir tu propósito. Es difícil sentirse realizado. Es difícil ser feliz. Y es difícil vivir la vida ideal.

www.emprendedorgrowthmodel.com

La pasión que viene de adentro

Simon Sinek explica la importancia del propósito en el "Círculo de Oro", el cual, como él mismo lo expresa, no es más que la codificación de un esquema usado por grandes líderes en la humanidad que lograron el éxito en sus propósitos, a veces, contra todo pronóstico.

Tales son los casos de Martin Luther King quien, como líder comunitario, arrastró masas hacia la consecución de la igualdad en términos de derechos civiles, o los hermanos Wright, considerados inventores y pioneros de la aviación, reconocidos mundialmente como los que inventaron, construyeron y volaron de forma exitosa el primer aeroplano del mundo.

Sinek enfatiza que la razón de ser y el propósito son los grandes impulsores de los logros del ser humano en cualquier rubro. En el "círculo de oro" nos explica por qué.

Comenzando desde adentro hacia afuera, este gráfico de tres círculos dice: ¿para qué? en el círculo interior, luego ¿cómo? en el círculo intermedio y, en el círculo exterior, está el ¿qué?

Sinek explica que la mayoría de las empresas no saben realmente cuál es su propósito. Él dice que ganar dinero es una consecuencia del éxito, pero le da más valor al propósito que mueve la creación de una empresa y afirma que la gente, cada vez en mayor cantidad, no compra lo que hacemos sino el por qué lo hacemos, dándole al propósito una relevancia preponderante. Uno puede ganar dinero de muchas maneras, pero hay una razón por la que decidimos ganar el dinero de esta forma con nuestro negocio.

La pregunta más importante del emprendedor

Te has preguntado: "¿Por qué hago lo que hago? ¿Por qué decidí lanzar este negocio? ¿Cómo se alinea mi propósito con mi negocio y mis funciones en él?". Todas estas son preguntas muy importantes porque, al hacerlas al inicio de nuestra jornada, nos ahorra mucho tiempo, energía y dinero en algo en lo que podríamos estar completamente desalineados a largo plazo.

Definir tu propósito es un arte, pero también una ciencia. Algo que me ayudó a definir el mío fue utilizar la siguiente fórmula:

(Mi contribución) para que (Impacto)

Mi contribución tiene que ver con las acciones que ejecuto, lo que hago por mi negocio y los demás, la causa que trae el impacto.

El impacto tiene que ver con la consecuencia de mis acciones, el beneficio que tienen mis clientes, mi equipo y mi comunidad con lo que hago.

Mi propósito es empoderar a líderes **para que** vivan una vida por diseño.

El propósito de Victor Hugo es utilizar su conocimiento, experiencia y poder de comunicación **para crear** herramientas que liberen el potencial del ser humano y les permitan vivir una vida de máxima contribución.

www.emprendedorgrowthmodel.com

Como puedes ver, esta sencilla fórmula puede ayudarte a definir tu propósito, traer enfoque y energía a tu vida y transformar tu futuro y tu impacto para siempre.

Una de las características de todo emprendedor es que son personas con tendencia a la acción. Si quieres tener un negocio exitoso, debes actuar, y eso es lo que queremos hacer con este libro. Así que da el primer paso y escribe tu propósito:

_____ para que _____

(Contribución) (Impacto)

EL EMPRENDEDOR INTELIGENTE

www.emprendedorgrowthmodel.com

CAPÍTULO 6:
Tus fortalezas cambiarán el juego

Descubrir nuestras fortalezas es un punto determinante en nuestra carrera como empresarios y en cualquier rama donde nos vayamos a desarrollar.

Donald O. Clifton fue un psicólogo, investigador y profesor universitario. Clifton dedicó gran parte de su carrera a estudiar el poder de definir tus fortalezas. La teoría central de Clifton es que todos tienen ciertas fortalezas, o lo que él llamó "temas de talento", que les permiten sobresalir en tareas y campos de trabajo específicos, independientemente de sus debilidades. Catalogó 34 en total.

Uno de sus casos de estudio fue su hijo, Joe Clifton, quien tuvo problemas en la escuela y la universidad y finalmente fue diagnosticado con trastorno por déficit de atención.

"[Él] descubrió que el aprendizaje en el aula era una de mis debilidades extremas y que nunca podría desarrollarla realmente, y que no seguiría sus pasos como educador", escribió Joe Clifton en 2013. "Pero reconoció que mis fortalezas podrían permitirme tener éxito en ventas, así que me guio en esa dirección".

En poco tiempo, Joe Clifton tuvo éxito en la venta de álbumes de discos musicales, cintas de historia del viejo oeste, publicidad de directorios y, sí, también para vender sondeos y encuestas para The Gallup Organization. Hoy es el director general de la empresa.

Con base en un estudio de 2016 de prácticas basadas en fortalezas, Gallup estimó que las organizaciones nombran a la persona incorrecta el 80% del tiempo (se refiere a personas que no tienen la fortaleza necesaria para ejecutar la labor esperada).

Como emprendedor y *coach* de negocios, encuentro estos puntos de datos profundamente preocupantes y a la vez muy prometedores.

Por un lado, indican que el 80% de los gerentes en las organizaciones no están preparados para el éxito. Por otro lado, significa que los empresarios podemos lograr grandes avances no solo descubriendo nuestras propias fortalezas, sino activándolas para crear un marco que inspire y capacite a otros para comportarse y tomar decisiones de manera que se alineen con nuestras expectativas.

Imagina lo que puede pasar si todos en tu organización entienden y se desempeñan de la mejor manera utilizando un marco construido alrededor de sus fortalezas personales.

Un paso dentro del proceso EGM™ es que el emprendedor defina sus fortalezas. Este proceso puede ser tan exhaustivo como el que aplican nuestros *coachees* certificados con sus clientes a través del sistema Gallup. Algo mucho más sencillo es si el emprendedor se toma un tiempo de reflexión al hacerse las preguntas: "¿En qué soy bueno(a)? ¿Cuáles son mis habilidades? ¿En qué he tenido éxito desde pequeño?". Todas estas preguntas ayudan a definir las fortalezas.

Luego de definir las diferentes fortalezas, un ejercicio muy efectivo es ir a amigos y familiares cercanos y preguntarles su opinión. Nos sorprenderíamos de toda la información que otros tienen de nosotros, pero no la sabemos porque no les preguntamos.

www.emprendedorgrowthmodel.com

Un emprendedor que no define sus fortalezas no sabe cuál es su ventaja competitiva. Por el contrario, si las conoce, sabe dónde invertir su tiempo y esfuerzo para lograr multiplicar su impacto en el mercado.

La clave al definir tus fortalezas es la siguiente: el éxito en tu vida no va a depender de que mejores tus debilidades, sino que maximices tus fortalezas.

Desde que somos niños nos han enseñado que debemos poner nuestro esfuerzo en mejorar nuestras debilidades. Si lográbamos una calificación excelente en matemática, pero baja en literatura, nuestros padres nos presionaban por mejorar las calificaciones bajas.

Esto funcionaba en la escuela porque la misma solo nos permitía graduarnos si nuestras calificaciones estaban por encima del nivel mínimo de aprobación en todas las asignaturas.

En el mundo de los negocios es diferente, el éxito no vendrá porque seas bueno en todas las cosas que se necesitan en tu negocio. El éxito vendrá porque eres extraordinario en unas pocas.

Todo emprendedor tiene debilidades. En vez de invertir tiempo en mejorarlas, contrata a una persona con esas fortalezas como parte del equipo. El emprendedor se enfoca en tomar sus fortalezas y llevarlas al siguiente nivel.

Convierte tus fortalezas en valores

Habiendo reconocido tus fortalezas, debemos entonces alinear nuestro negocio en torno a sus valores fundamentales. Existe mucha confusión sobre la relación entre los valores fundamentales de una empresa, su propósito, y sus productos y servicios. También está claro que la confusión está desperdiciando una gran cantidad de tiempo, dinero y esfuerzo.

¿Cómo podemos descubrir los valores fundamentales que involucrarán a los líderes, empleados, clientes, proveedores y otras partes interesadas para crear valor para nosotros y nuestro negocio?

En pocas palabras, aquí está la diferencia entre los tres elementos basados en el Círculo de Oro de Simon Sinek que vimos en el capítulo anterior:

Los valores centrales describen CÓMO hacemos el negocio. Pueden y deben impulsar la cultura de la empresa.

El propósito describe POR QUÉ una empresa hace lo que hace.

Los productos y servicios describen QUÉ hace una empresa.

Es así de simple.

Los valores fundamentales no se tratan de lo correcto o lo incorrecto. No afirman que solo hay una forma correcta de hacer las cosas. Simplemente describen cómo nosotros como empresarios hacemos las cosas. Deben ser orgánicos, es decir, deben descubrirse con el equipo de liderazgo a través de un proceso deliberado de descubrimiento. No pueden dictarse desde arriba o desde afuera y deben basarse en las fortalezas del fundador. Proclaman "esta es nuestra cultura por diseño".

Como emprendedores, queremos rodearnos de personas que "encajen" o que hagan las cosas como queremos hacerlas. Lo mismo puede decirse de los clientes y proveedores. No hay forma en la que podamos hacer negocios con éxito con personas que no coinciden con nuestros valores.

Cuando se realiza correctamente, el proceso de descubrir valores fundamentales puede ayudar al liderazgo a transformar una organización y llevarla al siguiente nivel. Si se falla, el proceso puede socavar la credibilidad de los líderes y ser destructivo.

www.emprendedorgrowthmodel.com

Según la publicación *Harvard Business Review*, existen tres tipos de valores:

Valores accidentales: a menudo se imponen con poco o ningún estudio de las fortalezas clave de una organización. Están impulsados por la última moda de gestión o de superación personal y pueden resultar en una tremenda pérdida de recursos y tiempo.

Valores mínimos indispensables: estos valores son lo mínimo que una empresa necesita para operar, también llamados valores de costo de entrada. Será difícil diferenciarse de la competencia con estos. Algunos valores mínimos indispensables utilizados comúnmente son la honestidad, el trabajo duro y la excelencia. Salvo que tu organización esté en medio de una industria profundamente corrupta, ¿debería ser la honestidad un valor?, ¿el trabajo duro o la excelencia? Estos son valores que suenan bien, pero debería ser obvio que toda persona sea honesta, trabajadora y busque la excelencia.

Valores aspiracionales: estos son valores de los que carece una empresa, pero que cree que necesitará desarrollar si quiere tener éxito a largo plazo.

Los valores de nuestro negocio no deben ser ni accidentales, ni mínimos indispensables, ni aspiracionales, sino fundamentales.

Hazlo como si mamá estuviera mirando

Los valores fundamentales se expresan con verbos activos elegidos para provocar comportamientos específicos para que las personas entiendan cómo vivir los valores centrales ahora, en el presente.

Uno de mis ejemplos favoritos es: "Hazlo como si tu mamá estuviera mirando".

Compara eso con los vagos valores aspiracionales de "integridad", "respeto" y "responsabilidad". Claro, son rasgos muy admirados, pero ¡significan tantas cosas diferentes para tantas personas diferentes! Al usar verbos activos, envías una señal clara sobre cómo haces las cosas, o al menos cómo aspiras a hacerlas. Y lo mejor de los verbos es que tienden a ser menos ambiguos y fomentan un sesgo hacia la acción.

Imagina que manejas tu negocio como si tu mamá estuviera mirando. Siempre estarías en tu mejor comportamiento, tratando de hacer lo correcto. Es un valor que te hace responsable.

Para los emprendedores, descubrir sus propios valores fundamentales, traducirlos a un lenguaje procesable e integrarlos en su negocio requiere agallas. ¿Por qué agallas? Porque cuando integra valores fundamentales, esencialmente se está haciendo responsable junto con todos los demás en su organización por defender esos valores. Te estás volviendo vulnerable y comprometiéndote a vivir tu vida bajo ese espejo.

Puede que mamá no esté mirando, pero el mundo sí. Estoy aquí para decirte que puedes hacerlo. He prosperado encarnando mis propios valores y ayudando a los clientes a hacer lo mismo y veo cómo el proceso desbloquea constantemente el potencial y permite a las personas dejar atrás sus miedos y, de nuevo, alcanzar nuestra ansiada meta: vivir la vida por diseño, encontrar nuestra vida ideal.

Algunos ejemplos que te pueden servir de inspiración de cómo transformar fortalezas a valores en forma activa te los dejo a continuación:

Fortaleza	Valor en forma activa
Innovador	Retamos el *statu quo*
Empatía	Conectamos directo al corazón
Integridad	Siempre hacemos lo correcto
Excelencia	Hacemos todo como si mamá estuviera mirando
Iniciativa	Somos los primeros en lanzarnos a la piscina
Comunicación	Compartimos auténticamente
Activador	Enciendo la chispa a través de la acción
Positivo	Difundo pasión

Al transformar tus fortalezas en valores fundamentales, tu mente va a entender, de una manera más práctica, cómo llevarlos a la acción día a día.

Algo que se habla mucho en el mundo de los negocios tiene que ver con la cultura de la organización. Todos queremos tener una gran cultura en nuestro equipo.

Pero ¿qué es la cultura en nuestro equipo? Muy sencillo: la cultura es la suma de las acciones de todas las personas en una organización.

La cultura no es algo etéreo, mágico o espiritual. Es simplemente la suma de cientos o miles de acciones diarias de un grupo de personas.

Si las personas en tu equipo siempre tratan a los demás de forma cordial, entonces tendrás una cultura cordial. Si por el contrario se tratan de manera agresiva, tendrás una cultura de agresividad.

Es por eso que transformar las fortalezas a valores y, en especial, escribirlos de forma activa, nos dirige a nosotros como emprendedores y a nuestro equipo para poder actuar de manera alineada y crear la cultura que deseamos.

EL EMPRENDEDOR INTELIGENTE

www.emprendedorgrowthmodel.com

CAPÍTULO 7:
Definición de vida ideal

Juan y Sabrina eran ambos empleados con el sueño de comenzar su propio negocio: un restaurante. Luego de sacrificios y ahorro, lograron comenzarlo con un Food Truck (camión de comida ambulante). Ambos estaban profundamente entusiasmados y felices con este sueño cumplido.

Seis meses después se encontraban desesperados y amargados. El negocio producía dinero, ese no era el problema. Al poco tiempo, habían logrado igualar sus salarios anteriores, pero en una posición mucho mejor porque ahora eran sus propios jefes.

El negocio se había adueñado de sus vidas. Antes trabajaban de ocho de la mañana a cinco de la tarde, y tenían las noches y los fines de semana libres. Además, contaban con tres semanas de vacaciones pagadas al año en las que podían visitar a la familia o conocer con tranquilidad algún lugar nuevo.

Un tercio de la ganancia aproximada del camión de comida entraba para el mediodía, y los otros dos tercios se lograban entre las ocho de la noche y la una de la mañana. Era un magnífico negocio que les demandaba comprar los ingredientes al inicio de la jornada, cocinar a las once de la mañana para estar listos al mediodía y comenzar a recibir pocos clientes mientras llegaba las ocho de la noche que era cuando hacían el botín, terminando así de trabajar a la una de la madrugada. Después de eso, tenían que manejar hasta el estacionamiento, limpiar la cocina del camión y conducir de regreso a su hogar para llegar a dormir cerca de las tres de la mañana.

¿Descansar fines de semana? Ni soñarlo. Por el contrario, las noches de los sábados y los domingos eran sagradas debido a la cantidad de dinero que producían.

Con la emoción de ser emprendedores y tener su propio negocio, no sopesaron las consecuencias y pasaron por alto una pregunta de mayor importancia: ¿qué estilo de vida esperaban tener al convertirse en emprendedores?

Responder esta pregunta es fundamental en el proceso de pasar de empleado a emprendedor. Fallar en responderla puede atraparte en un negocio como el de Juan y Sabrina que, aunque muy rentable, les amargó la vida.

Nosotros como emprendedores comenzamos un negocio que idealmente debe tener un propósito poderoso, pero además debe ayudarnos a construir la vida ideal que soñamos.

Si no definimos esa vida ideal con tiempo, nuestro negocio la definirá por nosotros, y eso no es lo que queremos.

El entusiasmo es el motor que nos lleva a comenzar un negocio, pero el propósito y la capacidad del negocio de darnos esa vida ideal es el motor que nos permite hacer crecerlo y mantenerlo por años. Si el negocio no tiene un propósito noble, o si en vez de darnos esa vida ideal, nos la limita, esto lleva irrevocablemente al emprendedor a perder la energía y la motivación por el mismo.

Definiendo (y redefiniendo) el significado del éxito

¿Qué es el éxito para ti? Para algunos, significa ganar mucho dinero, aunque el dinero suele ser solo un medio para un fin. Otros quieren un "negocio de estilo de vida" que en gran medida funcione sin ellos, lo que permite a sus fundadores concentrarse en otras actividades. Otros lo hacen para crear un legado duradero o jubilarse cómodamente. Y siempre hay quienes necesitan un montón de cosas en marcha, a menudo varios negocios para mantenerse ocupados y satisfechos.

Si bien un propósito es parte de nuestro ADN, la vida y las metas evolucionan según las etapas del emprendimiento y el lugar en el que nos encontramos en la vida. El fundador de una *startup* de 25 años, enfocado en conquistar el mundo, tiene una percepción diferente del éxito frente a la de otro emprendedor con más de 20 años de experiencia.

Es por eso que la introspección y el autoanálisis requieren un proceso continuo que es crucial para vivir la vida por diseño.

En mi caso (Cesar), mi primer negocio (Fit2Go) no estaba alineado con mi propósito ni estaba dándome la vida ideal que soñaba. Como les conté, decidí comenzar este negocio porque el espíritu empresarial siempre había sido una pasión y anhelaba ser el dueño de mi destino y tener la oportunidad de construir algo desde cero. Por supuesto, ganar dinero también fue un factor importante, aunque eventualmente me di cuenta de que era simplemente una herramienta para vivir la vida que quería llevar.

Recuerdo una tarde que tenía que hacer una entrega de comida en Fit2Go. Al llegar al lugar y ver a mis hijas dormidas, tomé la decisión de entregar rápidamente la comida mientras las dejaba en el carro por unos minutos.

Al regresar y verlas tan solas y vulnerables, me sentí como un mal padre. ¿Cómo las había dejado solas en la calle? Por mi mente pasaron decenas de escenarios negativos que no había pensado antes.

Este negocio definitivamente no me estaba dando la vida que deseaba. Todo el proceso comenzaba en la madrugada y terminaba tarde en la noche. No tenía tiempo. Estaba exhausto.

En el momento que descubrí mi propósito (empoderar a otros para que vivan una vida por diseño), también me tomé el tiempo de definir cómo quería vivir:

¿Qué horario quería trabajar?

¿Qué tamaño de compañía quería tener?

¿Qué sacrificios estaba y no estaba dispuesto a hacer para construir mi negocio? (Nunca más dejaría a mis hijas solas ni por un minuto).

Entonces, para alcanzar mi propósito y mi vida ideal, cambié mi enfoque del proceso, el producto y los márgenes para así capacitar a los miembros de mi equipo con la finalidad de ayudarlos a lograr sus propias metas personales y profesionales.

Al hacerlo, logré muchos de los otros objetivos comerciales que había estado persiguiendo sin éxito durante años.

Las operaciones funcionaron mejor a medida que las personas fueron empoderadas e intensificadas. Ayudar a otros renovó mi energía y compromiso con el negocio, y también me liberó para concentrarme en lo que soy bueno. En última instancia, este cambio ayudó a la empresa a tener éxito y, sí, a ganar dinero. Pero eventualmente, mi vida ideal se sintió diferente de lo que era cuando comencé el negocio.

Estaba viviendo mi propósito y cada día más cerca de mi vida ideal.

Llegó un momento donde solo trabajaba en Fit2Go un día a la semana. Imagina lo que eso significó para mi vida ideal.

Cuando decidí que era hora de seguir adelante, vendí la empresa a miembros de mi equipo que tenían el deseo de ser dueños de su propio negocio. Y fui más feliz y realizado a lo largo de todo el camino porque los ayudé a

www.emprendedorgrowthmodel.com

alcanzar su vida ideal. Ahora, era el momento de encontrar mi nueva vida ideal alineada con mi propósito.

Por supuesto, mi vida no es 100% ideal (¡ninguna lo es!), pero este cambio me ayudó a acercarme a lo que estaba buscando. Y me siento más feliz que nunca con la cantidad de impacto que estoy teniendo y las relaciones que estoy cultivando.

La satisfacción más grande que ambos hemos experimentado es la de poder ver a personas que no estaban contentas con lo que hasta entonces habían logrado con sus emprendimientos y en sus vidas, y a muchas otras que ni siquiera se habían atrevido a emprender, cumpliendo sus sueños. Esto no se logra de la noche a la mañana y siempre requiere de un gran esfuerzo, pero definitivamente nos damos cuenta de que año tras año, cualquier persona, si tiene la pasión y la disciplina para establecer una fundación sólida, puede construir un negocio con propósito y alcanzar la vida ideal que tanto desea.

En resumen, un propósito se trata de lo que amamos hacer, mientras que una vida ideal es cómo queremos vivir mientras llevamos a cabo nuestro propósito. Cuando estos dos elementos se fusionan, los empresarios tienen una idea muy clara de su futuro.

¿Cuál es mi vida ideal?

Partiendo de tu situación actual

Todo piloto necesita un plan de vuelo. En el mismo se indican los dos aspectos más importantes del plan: en dónde estás y hacia dónde vas.

Es por ello que resulta necesario analizar la situación inicial del emprendedor.

A pesar de que estamos construyendo un negocio para movernos a un estilo de vida mejor, nunca debemos ver nuestra situación actual como un enemigo del cual tenemos que huir, eso nos llevará a perder oportunidades que se encuentran frente a nuestros ojos.

Todo emprendedor o aspirante a emprendedor tiene frente a él grandes oportunidades en las que puede apalancarse para maximizar sus probabilidades de éxito.

Por ejemplo, una persona que es empleada puede, aunque deteste su trabajo, aprovechar beneficios de este para potenciar su negocio.

He aquí tres apalancamientos de tu situación actual que puedes utilizar a tu favor en el momento de emprender:

1) Apalancamiento de dinero: si tienes un empleo (o un negocio funcionando) entonces tienes dinero. Tu empleo en vez de ser tu enemigo se puede convertir en tu amigo al financiar tu negocio.

2) Apalancamiento de personas: existen decenas de personas a tu alrededor que pueden ser contactos claves en el futuro para tu negocio (proveedores, clientes, futuros miembros de tu equipo, mentores, etc.). Comienza haciendo una lista de todas las personas que tienes hoy a tu alrededor y que poseen potencial para el futuro.

3) Apalancamiento de conocimiento: todos tenemos personas o recursos a nuestro alrededor que nos permiten aprender áreas dentro del emprendimiento donde no tenemos experiencia. Por ejemplo, sentarte a tomarte un café con el gerente de finanzas de la empresa donde eres empleado para entender mejor las finanzas, te dará de forma inmediata el conocimiento que puedes utilizar en tu emprendimiento.

Definiendo tu vida ideal

Tal y como lo vimos anteriormente, un negocio debe ser el habilitador de nuestra vida ideal, y no nuestra vida, la habilitadora de un negocio.

Debemos construir un negocio que se adapte y/o nos dé la vida que soñamos, y no un negocio que nos haga esclavos de este.

Para ello hemos creado la siguiente tabla que utilizamos con nuestros clientes para ayudarlos a definir su vida ideal en diferentes aspectos:

Ideal: tu vida de sueño.

Aceptable: no es lo mejor, pero estarías dispuesto(a) a tolerarlo.

Inaceptable: no aceptarás vivir este estilo de vida de forma permanente. No comenzarás un negocio que te lleve a esta situación.

	Ideal	Aceptable	Inaceptable
Lugar			
Ingreso			
Días de trabajo por semana			
Horario de trabajo			
Tamaño del negocio			
Otro			
Otro			

EL EMPRENDEDOR INTELIGENTE

www.emprendedorgrowthmodel.com

CAPÍTULO 8:
La Meta Grande y Audaz (MEGA)

Una MEGA es una meta a largo plazo, retadora, tangible y audaz que sirve como un poderoso mecanismo para unificar esfuerzos y estimular el progreso. Una meta MEGA es tan audaz y poderosa por sí sola que continúa estimulando el progreso de la institución, aun si su líder desaparece.

Esta meta debe ser tan clara y contundente que no necesite ser explicada. Debe también ser consistente y estar alineada con la ideología central.

La MEGA es uno de los mecanismos más poderosos para estimular el progreso en compañías visionarias.

Para establecer una MEGA en tu negocio, esta debe tener las siguientes características:

1. Se aplica a toda la compañía. Es decir, no es una meta específica de un departamento o un producto particular.

2. Es una meta de 5 a 10 años para obligar a la organización a pensar más allá del entorno actual.

3. Solo tenemos un 20% de posibilidad de lograrla. Puede ser que no sepamos cómo llegar allá, pero se convierte en nuestro norte y nos sirve como inspiración.

La MEGA crea una obsesión colectiva por hacer las cosas cada vez mejor, lo cual impulsa a la acción coordinada del equipo y motiva un liderazgo transformador de los directivos y el resto de la empresa.

Cuando creamos EGM™ establecimos como MEGA que íbamos a impactar a los negocios de más de 10,000 emprendedores con nuestro proceso para crear un impacto positivo en nuestras comunidades y países.

Sabíamos que este nivel de impacto no lo podíamos hacer nosotros solos, así que certificamos varias decenas de *coaches* en el proceso EGM™ para que se unieran a nosotros en esta meta de transformar a más de 10,000 negocios y sus emprendedores.

Creamos la Universidad EGM™, este libro y, junto a nuestros casi centenares de *coachees*, estamos comprometidos e inspirados por nuestra meta grande y audaz.

Incluimos otros ejemplos de MEGA a continuación:

1. Convertirnos en la marca más reconocida y respetada del mundo (Starbucks).

2. Todos los libros alguna vez impresos, en cualquier idioma, disponibles en menos de 60 segundos (Amazon).

3. Una computadora en cada escritorio en cada hogar (Microsoft).

4. Convertirnos en el Harvard del oeste (Universidad de Stanford).

5. Aterrizar a un hombre en la luna y devolverlo sano y salvo a la tierra (NASA en 1960).

www.emprendedorgrowthmodel.com

Jim Collins, uno de los primeros investigadores en determinar que las grandes empresas siempre tenían una MEGA, nos da las siguientes indicaciones para asegurarnos de que nuestra MEGA es efectiva.

Luego de definir la MEGA para tu negocio, hazte las siguientes preguntas:

1. ¿Encuentras esta MEGA emocionante?

2. ¿Es la MEGA clara, convincente y fácil de entender?

3. ¿Esta MEGA se conecta de alguna manera con el propósito principal del negocio?

4. ¿Esta MEGA será emocionante para la mayoría de las personas en la organización, o solo para aquellos con responsabilidad ejecutiva?

5. ¿Es innegablemente una meta grande y audaz, y no una «declaración» de misión o visión prolija, difícil de entender, complicada e imposible de recordar?

6. ¿Crees que la organización tiene menos del 100% de posibilidades de lograr la MEGA y, al mismo tiempo, crees que la organización puede lograr la MEGA si se compromete por completo?

7. ¿El logro de la MEGA requerirá un paso cuántico en las capacidades y características de la organización?

8. En 5 a 10 años, ¿serías capaz de decir si has alcanzado la MEGA?

Cerrando este capítulo, la gran pregunta pertinente es la siguiente:

¿Cuál es tu MEGA?

Tercera parte:
MAPA ÁGIL DE NEGOCIO

Planificar es traer el futuro al presente
para que puedas hacer algo al respecto ahora.

Alan Lakein

La palabra "emprender" viene de la combinación de dos palabras del latín: *entre*, que quiere decir "oportunidad", y *prendes*, que significa "tomar" o "agarrar". Al final, ser emprendedor significa ver una oportunidad y tomarla.

El emprendedor es aquella persona que es capaz de detectar problemas y decide hacer algo para solucionarlos.

Sin embargo, como lo hemos mencionado antes, la mayoría de los emprendimientos fracasan. ¿Por qué? Porque emprender es un poco más complejo que tener una idea.

Una de las frases más comunes que recibo de amigos y conocidos que desean ser emprendedores, cuando ven un negocio exitoso, es la siguiente: "¡Yo tuve esa idea antes...!" (refiriéndose a Facebook, Uber, Bill Gates, etc.).

Tener ideas de negocios que eventualmente otra persona ejecuta y tiene éxito es algo muy común.

Todos tenemos ideas de negocios.

Permíteme decirte algo: las ideas no valen nada. Cero.

Lo único que vale es la ejecución. Y ahí es donde está lo difícil.

Constantemente, estas mismas personas, que han tenido estas ideas de negocio exitosas, tratan sus futuras ideas de negocios con celo y secretismo. Me dicen algunos: no puedo contar la idea porque alguien puede robarla.

Temen que alguien les robe la idea porque creen que las ideas valen.

Recuerda, las ideas valen cero. Lo que vale es la ejecución.

Y la ejecución comienza con el Mapa Ágil de Negocio.

La importancia de un Mapa Ágil de Negocio

Todos creemos que tenemos una gran idea en nuestra cabeza hasta que la escribimos en el papel.

El proceso de traducir lo que tenemos en la mente a la escritura te permite estructurar la idea correctamente y darte cuenta de si tiene riesgos.

Hace años escuché lo siguiente: "No hay idea mala que, al escribirse, suene como buena".

Algo que me enseñaron mis más de 12 años en Procter & Gamble (Victor Hugo) fue el proceso de escribir. Todo se discutía con documentos de una página.

Los llamábamos los *one-pager* y se utilizaban diariamente para cualquier conversación. Bien fuera que necesitáramos plantear un problema ante la gerencia y exponer soluciones, reportar un incidente, o proponer una idea, todo debía ser en estos *one-pager*.

Esa cultura se arraigó en mí y me enseñó algo muy valioso que transmitirte y es lo siguiente: el mejor camino para aprender a pensar es aprender a escribir.

Hace varios años se le preguntó a uno de los más grandes intelectuales del mercadeo, Seth Godin, lo siguiente: ¿Cómo haces para pensar como piensas? A lo que respondió: "Cada día, por años, escribo. Toda gran idea que ha salido de mi boca fue escrita antes por mí".

Cuando nos toca llevar algo al papel es cuando nos esforzamos por conseguir respuestas a las preguntas más básicas. Nos obliga a resumir, a eliminar lo que no da valor, a asegurarnos de que la estructura de lo escrito tenga sentido, etc.

Por eso es imprescindible tomarse el tiempo de escribir tu idea de negocio. Ese proceso te mostrará tus fortalezas y debilidades, y te permitirá trabajar en ambas para maximizar tus posibilidades de éxito como emprendedor.

En EGM™, este proceso se hace llenando el Mapa Ágil de Negocio, el cual se parece mucho a lo que comúnmente se conoce en el mundo corporativo como un plan de negocios.

La gran diferencia entre el Mapa Ágil de Negocio y un plan de negocios, es que en EGM™ definimos este proceso como ágil y flexible, en comparación con los planes de negocio que tienden a ser definitivos.

EGM™ se basa en la metodología ágil que creemos necesitan los emprendedores en la actualidad. Por eso no creemos en desarrollar planes de negocio de múltiples páginas cuando no tenemos certeza alguna si nuestra idea tendrá receptividad en el mercado.

El Mapa Ágil de Negocio es un documento de una página que consideramos vivo. Es un documento que será ajustado y mejorado durante todo el proceso de lanzamiento y fundación de tu negocio. A continuación te presentamos un ejemplo de Mapa Ágil de Negocio cuyos elementos iremos explicando en los siguientes capítulos de este libro.

Nombre				
Resumen ejecutivo			Proyección de ventas Proyección de ventas año 1, 2, 3	
Cliente ideal ¿Quién es tu cliente? ¿Para quién está diseñado tu producto o servicio?	**Problema** ¿Cuál es el problema en el mercado?		**Producto o servicio** ¿Cuál es la solución?	**Punto diferenciador** ¿Por qué tu producto o servicio es único?
Competencia ¿Qué soluciones ya existen? Énfasis en diferenciadores	**Concepto de venta/ Propuesta Única de Valor** ¿Qué vas a comunicar?		**Plan de mercadeo y ventas** ¿Cuál es el plan?	**Financieros** ¿Precio? Ventas ¿Costo? COGS ¿Margen?
Equipo ¿Cuál es el equipo? ¿Quién necesitas que no tienes hoy?	**Canales de venta y dist.** ¿Dónde lo vas a vender?			

CAPÍTULO 9:
Cliente ideal

Cientos de emprendedores novatos, al preguntarle sobre su cliente, me responden algo como esto:

"Yo le vendo a todo el mundo", "mi país entero es mi cliente potencial", "si respira, es mi cliente".

Evidentemente que tener un producto masivo que todo tu país necesite suena muy pero muy atractivo, pero no es práctico y no es real para el 99% de los emprendedores.

¿Por qué no es sabio venderle a todo el mundo?

Por dos razones principales: si diseñas tu producto o tu servicio para todo el mundo, no podrás definir el problema específico que quieres resolver para tu cliente. ¿Por qué? Porque todos tenemos problemas diferentes.

Lo cual nos lleva a la segunda razón: si no sabes cómo definir un problema específico que vas a resolver, ¿cómo puedes comunicarlo a las personas para que sepan que tu producto o servicio se lo resolverá?

Te lo explicaré con un ejemplo: digamos que eres una madre con un bebé de menos de un año. Como tu bebé está durmiendo de seis a ocho horas por la noche, tienes un poco más de tiempo y energía para regresar a tu vida normal.

Decides entonces volver a hacer ejercicio con el deseo de recuperar la figura que tenías antes de salir embarazada. Para ello, vas a internet a buscar un *coach* de *fitness* que preste su servicio cerca de donde vives.

Al buscar en internet, consigues tres *coachees* que funcionarían para ti:

Raúl: *Coach* por más de 15 años. Promete ayudarte a llegar a tu peso ideal. Trabaja con niños, hombres y mujeres de cualquier edad.

Sofía: fue ganadora de las competencias nacionales de triatlón de tu país. Trabaja tu cuerpo en general, pero su especialidad es en personas que quieren aprender a correr un triatlón.

Johanna: *Fitness Coach* especializada en mujeres embarazadas y que recién dieron a luz. Tiene un proceso de entrenamiento enfocado en ayudar a mujeres a recuperar su energía, su figura preembarazo y trabaja tu nutrición para ayudarte a bajar de peso al mismo tiempo que te da los nutrientes necesarios para amamantar sin riesgo.

¿Cuál escogerías? ¿Raúl, Sofía o Johanna?

Estoy seguro de que escogerías a Johanna por su conocimiento y especialidad en mujeres que acaban de dar a luz.

Johanna no solo tendría un proceso más especializado, sino que te entendería mejor, y confías en que tus posibilidades de éxito trabajando con ella serían mayores que trabajando con un *fitness coach* más genérico como Raúl.

Entonces, cuando tienes claramente definido a ese cliente ideal, puedes ir a conocerlo con mucha más profundidad, puedes entender sus problemas mejor, y puedes comunicarte con él de manera más efectiva porque sabrás dónde conseguirlo y cómo hablarle para captar su atención.

El primer paso en el Mapa Ágil de Negocio es definir a tu cliente ideal.

¿Cómo defino quién es mi cliente ideal?

Para aterrizar el concepto de cliente ideal, nos referimos a este como la persona (o grupo de personas) para las cuales vas a diseñar tu producto o servicio. Es una persona (o grupo de personas) que tiene un problema específico que puedes resolver de una mejor manera con tu producto o servicio.

Una de nuestras *coachees* certificadas EGM™ se llama Gabriela y, aunque el modelo EGM™ funciona para cualquier tipo de negocio, ella decidió enfocar su práctica de *coaching* para el siguiente cliente ideal: madres que dedican la mayor parte de su tiempo a su familia y hogar, pero tienen un deseo profundo de sentirse productivas económicamente y no depender de sus parejas. Estas madres desean comenzar un negocio que les dé flexibilidad de tiempo (porque su familia sigue siendo su prioridad), que produzca dinero y que les haga sentir productivas y mentalmente estimuladas. Su cliente ideal es una mujer casada entre 30 y 45 años, con ambiciones personales y con hijos.

Este proceso de definición de cliente ideal le permite a Gabriela diseñar su negocio, su servicio y su comunicación (mercadeo) de una manera específica que atraiga a este grupo de personas.

Cuando hablamos de cliente ideal normalmente surge la siguiente duda:

"Si creo mi producto o servicio para resolver el problema de mi cliente ideal, ¿no se verá limitado mi negocio?".

Realmente no. Es muy común que algunos productos diseñados para un grupo específico de clientes encuentren gran aceptación fuera del círculo de sus clientes ideales, por el punto diferenciador o los beneficios que ofrecen. Tal es el caso de una conocida marca de utensilios de cocina que existe en Estados Unidos llamada Oxo.

Esta marca fue creada para personas que poseen problemas de artritis, por lo cual los mangos o agarraderos de estos utensilios son esponjosos y fáciles de usar con la comodidad que ofrecen. Por ejemplo, un abrelatas de esta marca posee un mecanismo que facilita la apertura de una lata con menor esfuerzo, y un mango grueso y suave para minimizar el dolor que personas con artritis experimentan al hacer presión.

Sin embargo, los productos de Oxo se volvieron tan atractivos, que hoy es una de las marcas más buscadas por un amplio grupo de personas que, aunque no tienen artritis, disfrutan del diseño y la comodidad que ofrecen.

El conocimiento de su cliente ideal y la estrategia de venta que apuntaba a dicho cliente, les permitió descubrir un problema, resolverlo y luego, naturalmente, el negocio empezó a expandirse.

www.emprendedorgrowthmodel.com

A continuación te presento un formulario con preguntas importantes que te permitirán conocer y definir a ese cliente ideal.

No es necesario llenar el cuestionario en su totalidad, sino escoger las áreas que conoces muy bien que te permitirán, al final de este, definir a tu cliente ideal en un párrafo (similar al ejemplo que mostramos anteriormente de Gabriela la *Coach* de EGM™).

Cuestionario del cliente ideal

Edad	
Ingresos aproximados	
Género	
Profesión	
Nivel de educación	
Tamaño de la familia	
Propietario de su casa o alquilado	
Estado civil	

Información de su Negocio/Empleo

Ubicación geográfica	
Tamaño de la empresa	
Ingresos anuales	
Número de sucursales	
Número de empleados	
Sector	
Edad de la empresa	

Perfil Psicográfico

Estilo de vida: ¿cuántas horas trabaja, que hace en su tiempo libre?

¿Qué hace para divertirse?

¿Cómo se compone su familia?

¿Cómo se viste: conservador / a la moda?

¿Cuáles son sus hobbies?

¿Qué está buscando en la vida? ¿Metas o sueños?

¿Cuáles son los problemas que más le agobian? ¿Qué lo mantiene despierto en la noche?

¿Sigue algún deporte? ¿Qué tan fan es?

¿Cuáles son las formas de entretenimiento?

¿Dedica tiempo o dinero a alguna causa social?

Publicaciones / Contenido / Online

¿Qué publicaciones lee? ¿Blogs? ¿Revistas?

¿Qué programas de TV ve regularmente?

¿Cuáles influencers sigue?

¿Qué dispositivos usa para conectarse a las redes sociales?

¿Cuál es su red social preferida?

¿Cómo consume mejor el contenido online? (RRSS, Podcast, Blogs, video, etc.)

¿Qué marcas sigue en las redes sociales?

Otro

EL EMPRENDEDOR INTELIGENTE

Comportamiento sobre tu producto / servicio

¿Cómo nos conocieron?	
¿Por qué escogieron comprar nuestro producto / servicio?	
¿Qué es lo que más le gusta de trabajar con nosotros?	
¿Con qué frecuencia compran tu producto / servicio (diario, mensual, trimestral, anual, etc.)?	
¿Compran a alguna hora o día específico?	
¿Qué cantidad compran?	
¿Cuánto tiempo se tarda en tomar la decisión de compra?	
¿Dónde compra y / o usa el cliente productos / servicios?	
¿Cuáles son las formas de entretenimiento?	
¿Dedica tiempo o dinero a alguna causa social?	

www.emprendedorgrowthmodel.com

Importancia asignada a tu producto/servicio

	Alto	Medio	Bajo	No a todo
Precio				
Calidad				
Nombre de la marca				
Variedad de servicios				
Experiencia con vendedores				
Servicio al Cliente				
Ofertas especiales				
Empaque				
Conveniencia				
Localización				
Garantía				
Términos de pago				
Otro				

La edad, el género, la situación económica (que se define por sus ingresos), si es propietario de una casa o no, etc., nos van ayudando a delinear ese perfil de cliente ideal. Sus hobbies, el contenido de entretenimiento que consumen, su comportamiento como consumidor, el tipo de comprador que es, todo lo que nos pueda ayudar a crear un perfil de nuestro cliente ideal va a ayudarnos a comunicar mejor a ese cliente que nosotros tenemos la solución a su problema por medio de nuestro producto servicio.

Hay que ubicar entonces a ese público destino, que tiene una necesidad percibida y para el que tú tienes la solución en un grupo demográfico. ¿Es hombre? ¿Es mujer? ¿A qué grupo socioeconómico pertenece?

Este análisis te permite crear todo el diseño enfocado en una persona y que sea más fácil detectarla y hablarle. Eso es indispensable.

Te quiero dar otro ejemplo para aterrizar la idea:

Imagina que caminas por la calle y todo el mundo habla, y de manera general escuchas que alguien dice "hola". Posiblemente no prestes atención. No te importa porque no es contigo.

Pero ¿qué pasaría si te dijera "hola" y seguidamente pronunciara tu nombre? Entonces llamarían tu atención, ¿cierto?

Exactamente igual sucede en los negocios cuando no se define el cliente ideal. Lanzar un producto sin apuntar a un consumidor específico es como gritar: "¡hola!" en una calle de Nueva York y esperar una respuesta.

El resultado es muy diferente cuando le puedes hablar a alguien que se va a identificar con lo que le dices y que escuche "hola, esto es para ti". Eso despierta la atención de cualquiera.

¿Por qué necesitas encontrar un nicho?

En los negocios, se habla de nicho en referencia a un segmento de mercado cuyas necesidades no están siendo satisfechas. Cada segmento de mercado está conformado por un grupo de personas con características y necesidades de consumo similares.

Ahora bien, cuando lances un producto o servicio al mercado, te enfrentarás a una competencia que está sirviendo a clientes similares. En muchos casos, esa competencia tendrá más experiencia que tú y más tiempo que tu negocio en el mercado.

¿Cómo podemos ganarle?

Hay una frase muy poderosa en el mundo de los negocios que dice lo siguiente: "Si no puedes ser el número uno en una categoría, crea una subcategoría y conviértete en el número uno en esa subcategoría".

Por ejemplo, si vas a montar una heladería y ya existe una heladería mucho más famosa en tu zona geográfica, en vez de competir como heladería, podrías crear una subcategoría (paletas naturales) y convertirte en la mejor paletería natural de tu zona.

En el año 2007, yo (Victor Hugo) compré un Toyota Camry usado. Salí feliz del concesionario y, a los pocos minutos, me di cuenta de que tenía un pequeño olor a cigarrillo.

Al día siguiente, el olor estaba mucho más fuerte. Tanto así que al usar mi vehículo me quedaba la ropa oliendo a cigarro.

El olor me molestaba y no desaparecía con nada. Utilicé los productos para desodorizar que venden en el mercado, los más populares (de hecho, yo trabajaba como Gerente de Proyectos para una de estas marcas), y lograba eliminar el olor del cigarro por un tiempo pero volvía al día siguiente.

Estaba un poco desesperado con la situación y decidí buscar un producto más efectivo. Fui a Google y encontré un producto que estaba diseñado específicamente para quitar el olor a cigarrillos en los automóviles (hasta el día de hoy sé que se llamaba Vamoose).

El producto costaba $29, en comparación con los más populares que costaban menos de $3.

A pesar de costar mucho más, lo compré.

El producto fue extremadamente efectivo en eliminar el olor a cigarrillo de mi auto. Tenía una fórmula que reaccionaba con la nicotina en la tela del vehículo y hacía que se evaporara. El vehículo llegó a oler muy mal por dos a tres días, pero luego... el olor desapareció para siempre.

Para un producto como este, se le haría muy difícil competir con grandes marcas que dominan el mercado de la eliminación de olores como lo son Febreze, Glade o Airwick. Sin embargo, al crear una subcategoría (eliminación de olores de cigarro en vehículos) se convirtieron en el número 1 y a un precio 10 veces más costoso que cualquier otro competidor.

Luego salió otra marca de eliminación de malos olores: Poo-Purri. Ellos decidieron enfocarse en eliminar solamente los olores que quedan tras ir al baño para que tengas la tranquilidad de que, si alguien entra después de ti, no note lo que hayas hecho.

Cualquier marca dominante, como las mencionadas anteriormente, podría haber resuelto ese problema. Sin embargo, su enfoque era general y masivo. El equipo de Poo-Purri creó una subcategoría (eliminar olores cuando vas al baño) como lo había hecho Vamoose, y se convirtieron en el número 1 de ella.

Recuerda, si no puedes ser el #1 en una categoría, crea una subcategoría y conviértete en el #1 de ella. Pero, para poder dar ese paso, necesitas definir un nicho y tu cliente ideal.

Existen muchos ejemplos de negocios que, a pesar de haber sido exitosos por décadas (acaparando un nicho en el mercado y volviéndose inclusive icónicos), llegaron sorpresivamente a la quiebra y a un cierre total y abrupto por la falta de estrategias en el conocimiento de su cliente ideal.

Uno de estos ejemplos es la historia de Toys "R" Us, la empresa de venta de juguetes que inició en 1948 en Washington, Estados Unidos, cuando el empresario Charles Lazarus decidió convertir un pequeño negocio de bicicletas de su padre en una tienda de juguetes. La expansión de la compañía comenzó en 1984 con la apertura de tiendas en Singapur y Canadá convirtiéndose así en una de las jugueterías más reconocidas del mundo.

La empresa comenzó a reportar caídas constantes desde 2013 y finalmente se dio a la quiebra en el 2017.

Existen varias razones de la quiebra de Toys "R" Us, pero quiero darte mi opinión (Victor Hugo) de dónde vino la caída.

Toys "R" Us dejó de aprender de su cliente ideal. Olvidó que su cliente estaba evolucionando y decidieron mantener su enfoque del cliente que iba a sus tiendas en los 90s.

Si ellos hubieran tenido una obsesión por su cliente y se hubieran tomado el tiempo de conocerlo y entenderlo, se habrían dado cuenta de que había cambios importantes en la nueva generación de padres compra-juguetes.

Toys "R" Us se había mantenido como el líder de la venta de juguetes al menudeo. Sus tiendas eran grandes supermercados que, en vez de tener comida, tenían cajas de juguetes.

El nuevo cliente estaba moviéndose a internet. ¿Por qué comprar juguetes, gran cantidad de cajas, llevarlas en nuestro carro hasta la casa, cuando podíamos comprarlos por internet?

Adicionalmente, Toys "R" Us no se dio cuenta de que este cliente no estaba buscando solamente comprar, sino tener una experiencia en la tienda. Entonces, en vez de crear espacios para que los niños jugaran y experimentaran con los juguetes, en vez de generar un espacio para que los padres pudieran cómodamente descansar (a lo mejor con un café) mientras sus hijos se entretenían, decidieron continuar siendo un supermercado de juguetes. Un lugar meramente transaccional.

Tan desconectados estaban de su cliente ideal, que le pidieron a Amazon que se encargara del negocio digital para que ellos pudieran enfocarse en las tiendas.

¿Cómo puedes ser el #1 del mundo e irte a la quiebra? No pasa en un día, es una suma de meses y años sin comprender a fondo a tu cliente ideal.

Es por esto que es imprescindible que como emprendedor te enfoques en tu cliente ideal: en comprender su vida, sus problemas, sus deseos y sus temores. Y que, como en toda relación, te mantengas conociéndolo más y más de manera constante.

Define a tu cliente ideal:

CAPÍTULO 10:
Definición del problema

Todo negocio no debería nacer de una idea, sino de un problema que existe (o que existirá). De esta manera se podrá ofrecer un producto o servicio que traerá la solución a ese problema. Este es uno de los aprendizajes más grandes e importantes para un emprendedor.

Las personas no pagan por ideas sino para que le resuelvan sus problemas.

Donde vivo (Victor Hugo), hay un basurero central para la urbanización. Uno debe llevar su bolsa de basura a este lugar para que el aseo público lo recoja durante la semana.

Es común para toda casa que dos o tres veces a la semana tengamos que "sacar la basura", trabajo que hacen principalmente los esposos y los niños de la urbanización.

Cuando comenzó la pandemia, muchas personas empezaron a pedir sus cosas por internet para que fueran entregadas directamente en sus casas. Gracias al número de entregas, la cantidad de cajas de corrugado aumentó de manera significativa.

Todos los días llegaba comida hecha, también lo que se compraba en el supermercado y todo lo demás que necesitábamos que ahora pedíamos por internet. Muchos, al tener que trabajar desde casa, tuvieron que comprar sillas, escritorios, cámaras, etc. Todo llegaba en cajas y cajas y cajas.

Ya no íbamos dos o tres veces al basurero central con una bolsa de basura, sino que teníamos que hacer varios viajes con múltiples cajas también.

Un día, un emprendedor negoció con la urbanización lo siguiente: él iba a recoger todas las bolsas y cajas una vez al día por la mañana por 15 USD al mes.

Se acabó nuestro problema. Solo teníamos que dejar las cajas y las bolsas de basura en la puerta de nuestra casa. Este emprendedor llegaba con su camioneta, recogía todo y lo llevaba al basurero central.

Todo el proceso le tomaba alrededor de dos a tres horas. En donde vivo hay aproximadamente 250 viviendas. Nos resolvió un problema, trabajaba tres horas al día y generaba $3,750 al mes.

Luego lo vi trabajando en la urbanización de al lado y, unos meses más tarde, al tener que ir a buscar a mi hijo, lo encontré en otro barrio.

Asumiendo números similares, esta persona estaba generando casi $12,000 al mes trabajando entre cinco a seis horas al día aproximadamente.

Este individuo resolvió un problema. Nosotros estábamos felices. No teníamos que caminar con bolsas y cajas al basurero central nunca más.

Yo, como emprendedor, he enfrentado los mismos problemas que tú, o los que quizás en algún momento experimentarás. Problemas de personal, de flujo de efectivo, de distribución, de inventario, de ideas que no se han podido poner en práctica por falta de dinero o tiempo, etc. Todos tenemos cientos de problemas.

Por ello, más que pensar en ideas, es importante pensar en el problema, en cuál es la dificultad que hay en el mercado. ¿Cuál es el problema del mercado en este momento?

El problema de muchos emprendedores es que comienzan con una idea, se lanzan a ejecutarla y, la mayoría de las veces, se dan cuenta muy tarde de que no existía un problema que ese producto o servicio pudiera solucionar.

En el año 2001, yo (Victor Hugo) estaba empezando a trabajar en Procter & Gamble y esta empresa estaba por lanzar un producto para la ropa llamado Downy libre enjuague.

El producto era un líquido de olor agradable que eliminaba la necesidad de enjuagar la ropa, le quitaba el jabón haciendo que este se "despegara" y, de esta manera, las prendas no se tenían que enjuagar múltiples veces con agua limpia como se hacía en ese momento. Era una innovación en aquella época, sobre todo en Venezuela donde siempre existieron problemas con el suministro de agua. Parecía un tiro al blanco, se podía utilizar este enjuague y lavar la ropa con menos agua. ¡Había una necesidad latente y nosotros teníamos la solución!

La mayoría de nuestros clientes no tenían agua de grifo en su casa. De hecho, tenían que caminar hasta quebradas y pozos para llenar cubetas de agua y caminar con ellas (en algunos casos por kilómetros) hasta llegar a su casa.

Si utilizaban Downy libre enjuague, ahorrarían un 65% del agua, lo que les evitaría horas de caminatas y cargar la misma.

Teníamos muy claro quién era nuestro cliente ideal y creíamos que sabíamos cuál era su problema: la dificultad de conseguir agua limpia.

Cuando salimos a conversar con ellos, nos sorprendió que muchos dijeron que no tenían problemas de agua.

–"¿Qué problema de agua?" –decían–. "Yo siempre tengo agua. Yo bajo al río y lleno mis tobos de agua y los llevo a mi casa. No tengo problemas de agua".

Para ellos no existía un problema de agua porque así era su vida normal. Buscar el agua de un río o de otros lugares porque no tenían directamente en la llave de su casa era una rutina aceptada por la mayoría de las personas. Esa era la triste realidad.

Nosotros, los creadores del producto, que vivíamos en casas con agua directa, electricidad, televisión por cable, etc., estábamos totalmente desconectados de la realidad de nuestro cliente ideal.

Entonces, si tratábamos de vender el producto Downy libre enjuague como una solución al problema del agua, íbamos a fracasar miserablemente. Habíamos creado un producto que no resolvía ningún problema para nuestro cliente ideal.

Es de suma importancia entender lo siguiente: cuando hablamos del problema, no necesariamente estamos hablando de un problema real, sino de si se tiene o no la percepción de un problema.

En mi opinión, que estas personas no tuvieran agua directa y limpia en su casa es un gran problema. Pero para ellos (su percepción) no es un problema.

Aquí está el secreto de la conexión entre el cliente ideal y su problema para resolver. Como emprendedor, no importa cuál problema creas que tu cliente ideal tiene, lo que importa es el problema que tu cliente ideal percibe que tiene.

Quisiera hacer una observación: ¿tenemos el poder de crear una necesidad donde no existe? Definitivamente sí, solo que te costará mucho dinero en mercadeo. El mercadeo es una herramienta que puede crear la percepción de un problema y llevar a las personas a la intención de compra.

Muchas empresas lo hacen todos los días. Marcas de relojes de lujo te pintan que tendrás una vida de éxito si obtienes uno de estos. También si manejas un auto de lujo, de seguro tendrás a la chica modelo que te muestran en el comercial o, si usas aquel perfume de $250, serás tan sexy que ningún hombre se te resistirá.

El no tener un auto de lujo, o un reloj de oro, o un perfume carísimo no son problemas. Sin embargo, el mercadeo de estas marcas nos hace sentir que sí lo son (como no tengo este auto de lujo entonces soy un perdedor). Nuevamente, lo que importa es el problema que tu cliente ideal percibe que tiene. Si logras convencer a tu cliente ideal de que si no tiene un televisor de 70 pulgadas, sus amigos pensarán que es no es bueno para nada y no querrán ir a ver la final del mundial de fútbol en su casa, se convertirá en un gran problema para él e inclusive se endeudará para "resolverlo".

Volviendo a la situación que nos habíamos enfrentado con Downy libre enjuague (donde la falta de agua no era un problema para nuestro cliente ideal), descubrimos lo siguiente: para nuestro cliente ideal, tener un aroma agradable en su ropa era un gran deseo. De hecho, uno de los problemas que tenían era que les fascinaba el olor de la ropa recién lavada, pero el aroma desaparecía a las pocas horas de secarlas.

Entonces decidimos redefinir el problema de una falta de agua a una falta de aroma en el tiempo. Lanzamos el mismo producto, pero con una comunicación diferente: Downy deja un aroma agradable en tu ropa por días (inclusive semanas).

El lanzamiento fue todo un éxito.

Otra cosa de la que nos dimos cuenta en estas conversaciones con nuestro cliente ideal era lo siguiente: que su ropa tuviera un aroma agradable era mucho más que solo el aroma, sino que era una representación de que tan buenas madres eran para sus hijos. Es decir, tener hijos con ropa limpia y con un aroma agradable era una representación de lo buena madre (o padre) que eran.

El beneficio, más que ser funcional (el aroma), era más emocional (me siento como una buena madre). Lo que nos lleva a algo muy importante.

Problemas internos y externos

Existen dos tipos de problemas: internos y externos.

La mayoría de los emprendedores se enfocan solo en los problemas externos, siendo los internos mucho más poderosos.

Los problemas externos son problemas funcionales. He aquí algunos ejemplos:

- Mi ropa está sucia y necesito que esté limpia porque tengo una reunión importante.

- Necesito un vehículo para ir a mi trabajo todos los días porque no hay transporte público donde vivo.

- Necesito saber la hora y no tengo reloj.

- Para mi trabajo tengo que recibir llamadas todo el tiempo, por lo cual tengo que comprarme un teléfono móvil.

- No tengo tiempo para ir al mercado y necesito que alguien vaya, haga las compras y me las lleve a mi casa.

Los problemas internos son problemas emocionales. He aquí unos ejemplos utilizando similares problemas que los mencionados arriba:

- Mi ropa está sucia y la necesito limpia porque en mi trabajo quiero verme importante.

- Tengo 40 años y ya es momento de sentirme exitoso, por esa razón necesito un BMW.

- Si me compro un Rolex, todos se impresionarán de mi éxito. Me sentiré como alguien importante.

- El nuevo iPhone me da estatus. Me hace ver y sentirme exitosa.

- Gracias a la pandemia tengo mucho miedo y no quiero ir al automercado. Le pagaré a alguien para que haga las compras por mí y así minimizaré las probabilidades de enfermarme.

Las personas constantemente deciden comprar productos y servicios por necesidades emocionales. Y las necesidades emocionales son mucho más poderosas que las funcionales.

Problemas como el miedo, querer sentirse importante, desear predecir el futuro, tener paz, amor y conexión, etc., son muy pero que muy poderosos a la hora de diseñar un producto o servicio que llene esa necesidad.

Permíteme cerrar con un par de ejemplos que ilustran estos conceptos de buena manera:

En primer lugar, imagina que eres un vendedor de seguros y quieres ofrecer un producto de seguro de discapacidad. Si te enfocas en el problema externo, le puedes decir a tu prospecto de cliente que, en caso de una enfermedad que no le permita ir al trabajo, el seguro de discapacidad le pagará su salario por 20 años.

Ahora bien, si quieres enfocarte más en el problema interno deberías hablar de paz. Usted le estaría vendiendo paz. Paz porque sus finanzas, su pareja y sus hijos van a estar cubiertos financieramente si le pasa algo a él. ¿Cuánto vale la paz? La paz es invaluable.

¿Puedes ver la diferencia?

Hay una historia (no sé si es verdad o leyenda urbana) donde le preguntaron al presidente de Rolex sobre cómo estaba el negocio de los relojes, a lo cual respondió: "Yo no vendo relojes, yo vendo estatus y poder".

Problema externo: necesito un reloj que me dé la hora.

Problema interno: necesito sentirme poderoso y exitoso.

El segundo y último ejemplo que quiero compartir contigo es el siguiente: imagina que necesitas inscribir a tus hijos en una nueva escuela y tienes dos en mente.

Escuela #1: su promesa es que sus profesores son excelentes y tus hijos aprenderán mucho.

Escuela #2: su promesa es que ellos prepararán a tus hijos para la vida,

www.emprendedorgrowthmodel.com

dándole el conocimiento y las herramientas para tener éxito como adultos productivos.

Yo escogería la escuela #2. ¿Por qué? Porque resuelve un problema interno muy poderoso: tengo miedo de que mis hijos sufran en la vida y no lleguen a tener éxito.

La primera escuela me promete que ellos aprenderán (lo cual es importante), pero la segunda escuela resuelve mi mayor temor: el sufrimiento de mis hijos en el futuro.

Por esto es de suma importancia que, al trabajar en completar tu Mapa Ágil de Negocio, definas los problemas externos (funcionales) pero también los internos (emocionales) en caso de que los hubiere.

EL EMPRENDEDOR INTELIGENTE

www.emprendedorgrowthmodel.com

CAPÍTULO 11:
El producto o servicio

Luego de que tienes a tu cliente ideal definido y conoces los problemas externos e internos, debemos definir el producto o servicio.

Este producto o servicio debe claramente establecer el beneficio que otorga, no simplemente el producto mismo.

Otro de los errores más comunes de las personas (especialmente cuando quieren vender) es que hablan de su producto o servicio y no del beneficio. Eso es un gran error por la siguiente razón: las personas no compran productos (o servicios), las personas compran beneficios.

El beneficio ya lo sabes, porque es lo contrario al problema.

Si una persona tiene miedo, el beneficio es seguridad, tranquilidad o paz.

Si una persona se siente fracasada, el beneficio es importancia, estatus o imagen de éxito.

Si una persona se siente sola, el beneficio es la conexión y amor.

Algo que veo constantemente es que cuando le preguntan a alguien qué hace, invariablemente responden el producto o servicio: soy abogado, soy *coach*, soy corredor de seguros, soy agente inmobiliario, soy gerente, soy dueño de una heladería, etc.

Hagamos el ejercicio de darle la vuelta a nuestro producto o servicio y hablar del beneficio:

En vez de decir:	Habla del beneficio:
Soy abogado	Me encargo de traer justicia a las personas que la necesitan. Saco de la cárcel a las personas cuando lo necesitan.
Soy coach	Llevo a las personas a lograr sus metas en la mitad del tiempo. Hago que las personas que han soñado con terminar un maratón lo hagan de manera definitiva en un año.
Soy corredor de seguros	Protejo el patrimonio financiero de las personas para que duerman tranquilas sabiendo que, pase lo que pase, su familia estará protegida.
Soy agente inmobiliario	Ayudo a las personas a hacer la mejor inversión de sus vidas consiguiéndoles la casa de sus sueños al mejor precio posible.
Soy el dueño de una heladería	Soy el responsable de crear momentos inolvidables para generar el mejor ambiente familiar junto al mejor helado que te puedes imaginar.
Soy gerente	Ayudo a las empresas a alcanzar sus objetivos de la forma más eficiente posible.

Como puedes ver, te hemos estado llevando por un proceso lógico para tener un producto o servicio robusto.

En primer lugar, tener un profundo conocimiento de tu cliente ideal.

En segundo lugar, al conocer el problema de tu cliente ideal, debes profundizar en definir los problemas externos e internos.

Luego, en tercer lugar, utilizar estos problemas para definir el beneficio de tu producto o servicio y utilizar ese lenguaje para comunicar qué es.

En cuarto lugar, necesitamos asegurarnos de que tu producto o servicio tenga viabilidad en el mercado desarrollando un posicionamiento único: creando un punto diferenciador

CAPÍTULO 12:
Punto diferenciador

En ocasiones, dentro de nuestro optimismo e ingenuidad como emprendedores novatos, creemos la mentira de que simplemente con lanzar un producto similar a la competencia vamos a ganar participación de mercado y tener un negocio rentable.

Recuerdo (Victor Hugo) estar frente a decenas de presentaciones de inversión (*startups* haciendo un *pitch* para levantar capital) donde decían cosas como: "si logramos adueñarnos del 1% del mercado, el tamaño de nuestra categoría de 1.5 billones de dólares, se convertiría en 150 millones de dólares en ventas".

Pensamos que lanzar un producto en una categoría grande, nos dará al menos una participación de mercado pequeñísima (1%) y eso significará millones de dólares en ventas.

Muchas veces, nuevamente por ingenuidad de un emprendedor novato, creemos que una jugada de precios nos dará ese crecimiento. En otras palabras, voy a hacer lo mismo que la competencia, pero más barato.

Por dar un ejemplo, el mercado de chips (botanas, patatas fritas, *crisps*) es de $25 billones en los Estados Unidos. Voy a lanzar unas chips muy parecidas al líder de la categoría (competencia) pero las voy a vender más baratas.

En la inmensa mayoría de los casos esto no funciona.

Tu negocio debe ser una marca, no un *commodity*

Imagina que vas a hacer una fiesta y sales al supermercado a comprar hielo. Cuando llegas a la nevera ves que hay dos marcas de hielo. Ambas venden la bolsa grande que necesitas. Una marca la vende a $4 y la otra a $5 la bolsa.

¿Cuál comprarías?

Obviamente que la más barata.

¿Por qué?

Porque el hielo es un *commodity*. Es decir, a las personas no les importa la marca sino el precio.

Ahora imagina este otro escenario. Te inscribiste en una carrera de 10 km y necesitas unos zapatos de correr. ¿Le dirías a tu pareja o a tus padres que te compraran unos zapatos para correr?

¡Jamás!

¿Por qué? Porque tú no quieres cualquier zapato de correr. Muy probablemente quieres una marca específica, modelo, diseño, etc.

Las personas pagan tres, cuatro y hasta diez veces más por unos zapatos de marca que por unos baratos.

Esto sucede porque Nike, Adidas, New Balance, etc., han creado marcas. Las personas quieren esos zapatos porque se identifican con el diseño, la tecnología e inclusive lo que la marca significa.

De la misma manera, las personas no quieren un vehículo, quieren un BMW, Lexus o Tesla. Los niños no quieren una hamburguesa, quieren ir a McDonald's. Los adolescentes no quieren un teléfono, quieren un iPhone.

Esto sucede por tres razones: la marca, la marca y la marca.

Por eso nosotros, en EGM™, nunca recomendamos comenzar un negocio donde tu único beneficio versus la competencia sea precios más baratos. La razón es que, si entras en guerra de precios sin un punto diferenciador, terminas convirtiéndote en un *commodity*, no en una marca.

En el año 1992 viajé (Victor Hugo) a Cleveland (Ohio) para aprender inglés. Recuerdo una noche que fui con mi profesor a comprarme una pizza que me costó 14 USD.

Jamás olvidaré el precio porque no tenía mucho dinero y me dolió en el alma pagar por esa pizza. Era una pizza mediana con queso y *pepperoni*, nada más.

Para el momento en que estoy escribiendo este libro (unos 30 años más tarde), la misma pizza en la misma cadena de pizzerías acá en Estados Unidos cuesta $7.

Reflexiona en esto por un segundo: una pizza que costaba $14 hace 30 años, hoy cuesta $7.

¿Qué pasó? El negocio de la pizza rápida se destruyó a sí mismo.

La pizza rápida (me refiero a las pizzas de cadenas como Domino's, Pizza Hut, etc.) se comoditizó. A la mayoría de las personas no les importa la marca de pizza, lo que les importa es la mejor oferta que tengan frente a ellos.

Todas las semanas recibo ofertas en mi casilla de correo con promociones de pizzas de todas estas marcas: compra dos y recibe una gratis, compra una y recibe una adicional sin costo, dos pizzas grandes por $10, etc.

¿Cómo pasó esta situación? Este es mi análisis basado en lo que ocurrió frente a mis ojos:

En el año 92 pagué $14 por una pizza mediana. Con el tiempo, y con el objetivo de ganarle a la competencia, estas empresas empezaron a hacer ofertas de forma agresiva.

Cada oferta agresiva era respondida por la competencia por otra aún más agresiva.

Con el tiempo, las ofertas se convirtieron en la nueva normalidad (las personas pensarían, solo un tonto pagaría el precio completo por una pizza).

Como el precio de venta bajó, los márgenes bajaron. Para subir los márgenes (la utilidad) se vieron forzados a cortar costos, entre ellos, la calidad de los ingredientes.

Al disminuir la calidad de los ingredientes, la pizza es peor. Entonces, si al final te vas a comer una pizza mediocre, mejor es comprar la más barata.

Las empresas de pizza rápida ahora tienen un negocio con márgenes muy bajos, ingredientes mediocres y son esclavos de las ofertas que mandan en su boletín cada semana.

Tú no quieres que eso le suceda a tu negocio.

¿Qué tal un negocio de pizzas, con ingredientes de excelente calidad y un sabor inolvidable? ¿Qué tal si esa pizza la puedes vender en 35 USD? Pues muchos lo han hecho de esa manera.

Este gráfico muestra de una manera muy sencilla los beneficios que trae construir una marca:

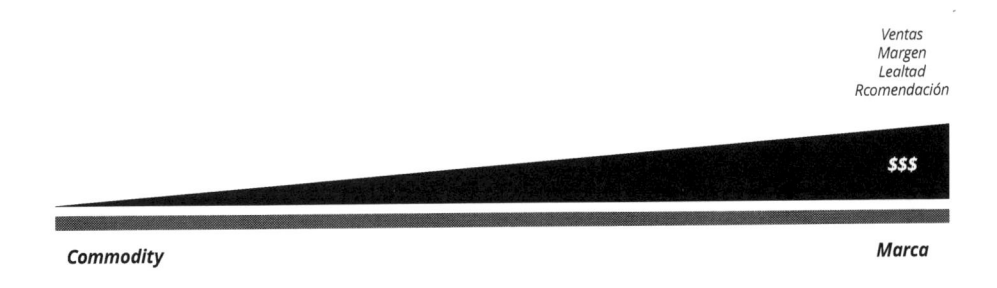

Ventas
Margen
Lealtad
Rcomendación

$$$

Commodity — **Marca**

Al crear una marca, tus clientes estarán dispuestos a pagar más por tu producto o servicio, lo cual no solo mejorará tus márgenes, sino que también te permitirá tener más dinero para reinvertir en tu negocio, en mercadeo, personal, innovación, etc. Esto te traerá más ventas.

El ciclo virtuoso de la aceleración de tu negocio sucede cuando construyes una marca.

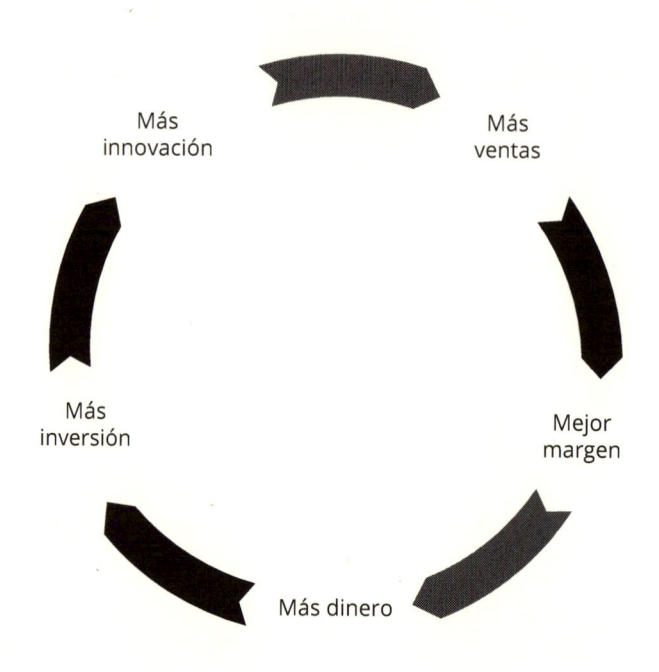

Ciclo (diagrama circular):
- Más ventas
- Mejor margen
- Más dinero
- Más inversión
- Más innovación

Para crear una marca, lo primero que necesitas después de haber definido el cliente ideal, el problema y el producto o servicio, es el punto diferenciador.

¿Qué es lo nuevo que aporta tu producto o servicio?

Así de simple y directa como es esta pregunta, debe ser la respuesta. Hay que definir claramente ese beneficio o característica única que tu producto traerá al mercado.

Existen decenas y decenas de puntos diferenciadores que puedes diseñar en tu producto o servicio. Puede ser algo básico como ofrecer un mejor desempeño (por ejemplo, su cafetería o *coffee shop* sirve el mejor café de Puerto Rico), especializarte para un nicho (su firma de contadores se especializa en hacerle la contabilidad solo a dentistas), o presentar diferentes modelos de negocio (mi servicio de limpieza funciona por suscripción mensual en vez de pago por limpieza).

www.emprendedorgrowthmodel.com

Para ayudarte un poco, a continuación te muestro las categorías principales donde podrías desarrollar un punto diferenciador versus tu competencia:

Tipo de Diferenciación	Subtipo
Producto	Características
Producto	Desempeño
Producto	Eficacia
Producto	Durabilidad
Producto	Fiabilidad
Producto	Garantía
Producto	Personalización
Producto	Otro
Servicio	Experiencia
Servicio	Experticia
Servicio	Personalización
Servicio	Modelo
Servicio	Otro
Canal de venta	Conveniencia
Canal de venta	Cobertura
Canal de venta	Localización
Canal de venta	Rapidez
Reputación	Competencia
Reputación	Cortesía
Reputación	Credibilidad
Reputación	Responsabilidad
Reputación	Honestidad
Reputación	Comunicación
Reputación	Historia

Tipo de Diferenciación	Subtipo
Marca	Publicidad
	Emoción
	Empaque
Precio	vs. competencia
	Promoción
	Por volumen
	Cobranza
	Sin contrato
Modelo de Negocio	Modo de pago
	Suscripción
	Digital
	Físico
Otro	

¿Cuántos puntos diferenciadores debo tener?

Al analizar tu negocio (o idea de negocio) puede ser que consigas varios puntos diferenciadores. Sin embargo, uno debe tener un punto diferenciador único y principal, y un máximo de dos puntos diferenciadores adicionales secundarios.

Una de las cosas más poderosas que aprendí en mis años de hacer comerciales de televisión en Procter & Gamble fue lo siguiente: las personas solo recuerdan un beneficio de tu producto o servicio.

www.emprendedorgrowthmodel.com

Ese beneficio debe ser el punto diferenciador principal.

Por eso, si el beneficio de su firma de contadores solo atiende a dentistas y esa es su especialidad, entonces ese es tu punto diferenciador. Si adicionalmente comunicas muchos otros puntos diferenciadores, diluyes el beneficio principal. En otras palabras, si eres diferente en todo, no eres diferente en nada.

En el año 2020 me enfrenté (Victor Hugo) a la siguiente decisión sobre puntos diferenciadores: estaba como CEO de MicroSalt Inc., una de mis empresas donde tenemos una patente para crear una sal baja en sodio a través de un proceso para crear el grano de sal más pequeño del mundo.

Queríamos lanzar una marca de chips (patatas fritas) utilizando MicroSalt®. Nuestro producto podía tener múltiples beneficios: 50% menos de sodio era el obvio y principal, pero adicionalmente podíamos hacer las papas al horno (en vez de fritas), con aceite de aguacate (mucho más sano que otros aceites vegetales), con sabores exóticos, con cortes de papa diferentes (en vez del típico corte de chips), podíamos hacerlas orgánicas o non-GMO, etc.

Luego de largas conversaciones al respecto, llegamos a la siguiente conclusión: nuestro punto diferenciador principal es "50% menos sodio". Estábamos creando una botana para personas que quieren cuidar sus niveles de sodio y que no necesariamente buscan la botana más sana posible. Era un problema puntual.

Por eso lanzamos la marca SaltMe!® Full Flavor with 50% less sodium (sabor completo con un 50% menos de sodio). Ese es nuestro beneficio principal y en este nos enfocamos. Todo lo demás lo diluiría. Así lo hicimos y, para el momento en que escribo estas líneas, nuestra marca superó el millón de dólares en ventas y está presente en más de 2,000 tiendas en los Estados Unidos.

EL EMPRENDEDOR INTELIGENTE

Escribe tu punto diferenciador:

www.emprendedorgrowthmodel.com

CAPÍTULO 13:
La competencia

En EGM™ no nos gusta obsesionarnos con la competencia. Creemos que utilizar el enfoque en crear un producto o servicio que esté en sintonía con las necesidades del cliente ideal y que resuelva sus problemas, es más importante que invertir horas y recursos siguiendo lo que hace la competencia.

Otro problema que trae el obsesionarse con la competencia es que empiezas a ver el mundo como ellos lo ven y puede ser que limites tu poder creativo. Por ejemplo, si una empresa como Netflix se hubiera obsesionado con Blockbuster, quizás hubiera mantenido a su equipo en el nivel mental de renta de DVDs a domicilio.

Pensar en el negocio de *streaming* como lo principal, vino de un profundo conocimiento de nuestras necesidades. Esto permitió crear un nuevo modelo de negocios, no tan solo un mejor Blockbuster.

Sin embargo, sí recomendamos definir quiénes son y cuál es su punto diferenciador. Utilizando la misma lista de puntos diferenciadores que empleaste para tu negocio, escoge cuáles son los puntos diferenciadores de tus competidores principales.

Al definir estos puntos diferenciadores (PD), haz estas preguntas:

1. ¿Estás en paz con los PD de la competencia?

La competencia probablemente tenga puntos diferenciadores importantes, pero, si estás en paz con ellos, no hay problema alguno.

Por ejemplo, volviendo al caso de Netflix versus Blockbuster, el último tenía un punto diferenciador importante frente a Netflix que radicaba en la presencia de miles de tiendas alrededor del mundo. Sin embargo, Netflix tenía paz con esto porque justamente este PD no era importante para el modelo de negocio de su plataforma de *streaming*.

2. ¿Existe alguna manera (de ser necesario) de transformar tu PD en punto de paridad?

Hay casos donde un PD puede convertirse en una amenaza para tu negocio. En esos casos puedes trabajar en convertir ese PD de la competencia en un punto de paridad.

Un punto de paridad es que logras imitar ese PD al extremo que las personas ya no lo ven como diferenciador sino como algo que ambos tienen.

Cuando era Gerente de Marca de Febreze (Victor Hugo), uno de los puntos diferenciadores de nuestra marca era que eliminábamos los malos olores en vez de taparlos con perfume. La tecnología de nuestra marca podía encapsular y transformar las moléculas de olor para que fuera eliminado y no simplemente tapado con perfume. Esta tecnología llevó a Febreze a superar 1 billón de USD en ventas. Y algo pasó.

Mientras que nuestra marca crecía y la competencia estaba perdiendo participación de mercado, comenzaron a trabajar en una tecnología similar para eliminar también los olores. Su tecnología no era mejor que la nuestra, pero sí lo suficientemente buena para decir que eliminaban olores de verdad (no simplemente los tapaban con perfume). Eso hizo que lo que era un punto diferenciador muy fuerte para Febreze, la competencia lo transformara en un punto de paridad.

3. ¿Existe alguna manera de crear polarización apalancándote en los PD de la competencia?

Existen casos donde los puntos diferenciadores de la competencia los puedes utilizar a tu favor para generar polarización y fortalecer tu mensaje.

Por ejemplo, digamos que tienes un restaurante que entrega pizzas a domicilio y tu competencia (similar a como lo hace Domino's Pizza) dice que te entregan la pizza en menos de 30 minutos (o te sale gratis).

En vez de competir con esa promesa, puedes utilizarla a tu favor diciendo: "Los momentos más importantes de tu vida, quieres que duren más de 30 minutos. Si quieres una pizza inolvidable, no la pidas en menos de 30 minutos". En este caso comunicas el hecho de que una pizza de menos de 30 minutos es una pizza mediocre.

EL EMPRENDEDOR INTELIGENTE

www.emprendedorgrowthmodel.com

CAPÍTULO 14:
El concepto de venta

Imagina que tienes una idea de negocio: comidas saludables precocidas y empacadas para personas ocupadas que no tienen el tiempo de cocinar algo saludable y no quieren consumir comida chatarra de manera diaria.

Has hecho tu tarea y tienes claramente definido a tu cliente ideal: mujeres de aproximadamente 30 a 40 años, con hijos, activas y profesionales.

Entonces te enfrentas a dos opciones: lanzar el producto y probar si funciona (alquilar una cocina industrial, montar una página web, comprar los ingredientes, contratar al chef, pagar por los equipos empaquetadores, etc.) o puedes hacer un concepto escrito de tu idea de negocios (que te costará cerca de 0 dólares) y probar si funciona.

¿Qué harías?

La lógica dice que harías un concepto escrito para probar tu idea antes de invertir miles de dólares en montar el negocio. Pero la realidad es que, cada año, miles de emprendedores invierten miles de dólares en ideas de negocio que nunca probaron con un concepto para entender su aceptación en el mercado.

Volviendo al ejemplo de la idea de comidas saludables, me gustaría hacerte las siguientes preguntas (hagamos juntos este ejercicio).

Sabes que tu cliente ideal es una mujer que definimos anteriormente. Ahora bien, ¿cuál es el dolor y motivación de dicha mujer para comprar tu producto?

1) Sabe que una buena alimentación es la clave para desempeñarse efectivamente en su trabajo y, como no tiene tiempo para cocinar, desea poder comer saludablemente para tener la máxima energía posible en su empleo.

2) Sabe que toda buena madre les da la mejor alimentación a sus hijos. Sin embargo, como no tiene tiempo, desea comprar comidas saludables precocidas para tener la paz de que, al sentarse a la mesa, sus hijos estarán nutriéndose correctamente.

3) Sabe que una buena alimentación es la clave para tener una bella figura. Sin embargo, como no tiene tiempo para cocinar, desea un sistema de comida sencillo, precocido que le permita comer sanamente y mantener el peso que la haga ver como una mujer hermosa.

¿La motiva el comer sanamente para tener energía y desempeñarse bien en su trabajo y tener éxito profesional? ¿Será que necesita sentir la tranquilidad de que sus hijos están comiendo sano? ¿Querrá mantener una figura escultural que voltee miradas?

Eso solo lo sabrás si haces un concepto de negocio y lo pruebas frente a tu cliente ideal.

Es de suma importancia dar en el blanco en el momento que comunicas el dolor (el problema) y la motivación a tu cliente porque, sin importar el producto o servicio, si tu cliente ideal no se siente identificado(a), no comprará tu producto.

Si por error te enfocas en que esta mujer quiere mantener una figura escultural al comprar tu producto, y su motivación real son sus hijos, no sentirá que el producto es para ella y, como consecuencia, no lo comprará. Lo contrario también es cierto. Si su motivación principal es verse bella y enfocas tu producto como una posibilidad para que su familia coma sanamente, no conectará con él.

El concepto de negocio de un producto o servicio es una representación, lo más cercana que se pueda, a la realidad del producto o servicio, con el objetivo de mostrárselo al cliente ideal y registrar cómo reacciona.

Un concepto de negocio puede ir desde algo muy sencillo como un par de párrafos en una hoja de papel, una representación gráfica, un video, o hasta un prototipo real del producto o servicio.

Presentación abstracta ———————————————————— Representación real

El objetivo de un concepto es poder entender la reacción de nuestro cliente ideal a nuestra idea antes de invertir capital para llevarla a la realidad.

También nos permite probar diferentes perspectivas de comunicación de nuestro producto o servicio. Por ejemplo, podemos crear un concepto enfocado en mujeres que quieren comidas sanas para maximizar su desempeño profesional, un concepto que se enfoque en la familia comiendo sanamente y un concepto que se enfoque en la figura escultural. Basándose en los resultados, podemos decidir cuál será la dirección de nuestro negocio.

Digamos que conceptualizar el producto es como elaborar los planos de una casa. Cuando compras una casa que va a ser construida, quieres ver los planos para saber cómo será la distribución y si se ajusta a tus deseos y necesidades. Hoy en día existen tecnologías que permiten recrear hasta en tres dimensiones el diseño de la casa que va a ser construida, para que puedas desplazarte en ella y decidir si quieres comprarla, de modo que, cuando se haga la inversión para construirla, no se presenten sorpresas desagradables.

Este es un proceso que se utiliza para cualquier producto o servicio que se va a lanzar en el mercado. El concepto es la oportunidad no negociable de probar tu idea con el mínimo riesgo posible.

¿Cómo se escribe un concepto de negocios?

La clave está en cómo se redacta el concepto para poder transmitir y llegar a las personas con pocas palabras. Deben ser pocas palabras porque para presentar la idea de tu producto o servicio necesitas ser capaz de explicarla muy brevemente. Para darte una perspectiva, un comercial de televisión tiene solo 30 segundos. Ese es todo el tiempo que tiene una marca (que invierte millones en ese comercial) para explicar su producto o servicio.

Nuestra filosofía en EGM™ es que todo concepto debe tener cinco partes, tres de ellas son obligatorias y dos son opcionales.

www.emprendedorgrowthmodel.com

Las partes de un concepto son:

1. **Verdad (Obligatoria)**

2. **Tensión (Obligatoria)**

3. **Solución (Obligatoria)**

4. **Razón para creer (Opcional)**

5. **Precio (Opcional)**

Permíteme descomponer cada una y darte unos ejemplos para aterrizar la teoría a casos reales.

1. La verdad

Normalmente es una frase que es verdad y que permite que el cliente potencial esté de acuerdo con ella. A pesar de ser verdad, no es una frase trivial, sino reveladora para el cliente.

Por ejemplo: "El cielo es azul" es una verdad, pero es demasiado trivial. No llamaría la atención de nadie.

Sin embargo, una frase como "Al mirar al cielo me pregunto ¿Habrá vida más allá de donde llegan mis ojos?", también es una verdad, no tan trivial como la primera, pero despierta el interés de un grupo específico de personas que se han hecho esa pregunta.

Otro ejemplo de verdades de un concepto es algo como: "Mi día no comienza hasta que me tomo una buena taza de café". Esta es una verdad relevante que despierta interés solo en las personas que se sienten así. Una persona que no toma café rechazará esta verdad, y eso está bien, porque no es nuestro cliente ideal.

La verdad funciona como un proceso de deselección. Las personas que se sientan identificadas con esa verdad son las que están levantando la mano y diciendo "yo soy tu cliente ideal".

2. La tensión

La tensión es el problema que el cliente tiene que no le permite que esa verdad sea real para su vida.

Utilizando el ejemplo del café que mencioné hace poco, podríamos decir algo como:

[Verdad] "Mi día no comienza hasta que me tomo una buena taza de café".

[Tensión] "Sin embargo, desde que vivo fuera de Puerto Rico no puedo tomarme una taza de café como la de mi país".

Otro ejemplo de un caso real me lo mostró una conocida *coach* de *fitness*. Ella descubrió, en el proceso de conocer a su cliente ideal (mujeres que quieren bajar de peso), que el miedo más grande lo experimentaban las mujeres cada mañana antes de pararse en la balanza para medir su peso. La frustración más desgastante de estas mujeres era que tras sacrificarse con una dieta fuerte y ejercicio, la balanza les mostraba que estaban estancadas o, peor aún, subidas de peso.

Entonces, cuando estaba trabajando en el concepto de un producto de *coaching* para ayudar a estas mujeres a bajar de peso utilizó esta verdad y tensión muy poderosa:

[Verdad] "Sé que comer bajo en calorías y hacer ejercicio me llevará a bajar de peso".

[Tensión] "Sin embargo, cada mañana antes de pesarme en la balanza siento un miedo terrible. Me da terror pensar que todo el esfuerzo de la semana fue en vano".

Ahora bien, ¿es esta verdad y tensión relevante para todas las mujeres que quieren bajar de peso? Absolutamente no. Es relevante solo para las mujeres que han sufrido en el proceso, las que están frustradas, las que han intentado muchas cosas y no lo han logrado. Ese es su cliente ideal.

Como puedes ver, la superficialidad o profundidad de la verdad y la tensión están proporcionalmente relacionadas con el conocimiento que tengas de tu cliente. Mientras más conozcas a tu cliente ideal, sus deseos y sus sueños, podrás escribir un mejor concepto de negocios que conecte con él o ella y te lleve a "la solución": tu producto o servicio.

3. La solución

Este es el lugar donde presentas tu producto o servicio y, como lo aclaramos anteriormente, más que tu producto o servicio es el beneficio de este.

Completemos el ejemplo del concepto de negocio de café puertorriqueño (este es un ejemplo real de uno de mis estudiantes que quería exportar café puertorriqueño desde la isla a los Estados Unidos).

[Verdad] "Mi día no comienza hasta que me tomo una buena taza de café".

[Tensión] "Sin embargo, desde que vivo fuera de Puerto Rico no puedo tomarme una taza de café como la de mi país".

[Solución] "Por eso nació tucafepr.com, una plataforma que te envía café de Puerto Rico directamente a tu casa en Estados Unidos, para que cada mañana te sientas en tu isla y comiences tu día con el mejor café".

Ahora hagamos el mismo ejemplo con el caso del producto de *coaching* para bajar de peso:

[Verdad] "Sé que comer bajo en calorías y hacer ejercicio me llevará a bajar de peso".

[Tensión] "Sin embargo, cada mañana antes de pesarme en la balanza siento un miedo terrible. Me da terror pensar que todo el esfuerzo de la semana fue en vano".

[Solución] "Te presento el programa de *coaching* 'Finalmente Tú', un programa personalizado con acompañamiento que te garantiza que, cada semana, tu balanza mostrará pérdida de peso".

4. La razón para creer (opcional)

En la mayoría de las ocasiones, cuando a una persona se le hace una promesa (como el hecho de que la balanza mostrará pérdida de peso semana a semana), este individuo tiende a dudar de la veracidad de esta promesa.

Estamos tan acostumbrados a vivir en un mundo de promesas rotas, que, por defecto, no creemos en las promesas y beneficios que nos ofrecen nuevos productos o servicios.

En esos casos, "la razón para creer" ataca directamente esa duda. Diferentes tipos de "razón para creer" que puedes utilizar entre otros son:

- Garantías.
- Títulos.
- Certificaciones.
- Testimonios.

www.emprendedorgrowthmodel.com

- Prueba.

- Utiliza el producto o servicio y paga después.

- Reseñas.

Volvamos al producto de *coaching* para bajar de peso "Finalmente Tú". Imagina que terminara el concepto de negocio de la siguiente manera:

"Si cumples con nuestras indicaciones y no bajas de peso cada semana, extendemos el programa de forma ilimitada hasta que alcances el peso acordado".

Otra manera:

"Si no llegas a tu peso ideal, te devolvemos el dinero".

Ambas frases están estratégicamente escritas al final del concepto para darle al cliente potencial la razón para creer en la promesa. Son una garantía.

Otra razón para fomentar la confianza del cliente es utilizar títulos y certificaciones. Podrías decir algo como: "Todos nuestros *coachees* tienen un título universitario en el área de nutrición y están certificados por la Junta Latinoamericana de Nutrición" (el nombre de la institución ha sido creada con la finalidad de dar este ejemplo).

Volviendo al ejemplo del café de Puerto Rico, podríamos dar una razón para creer como la siguiente: "Más de 1,500 clientes satisfechos con una valoración de 5 estrellas".

5. El precio (opcional)

En algunos casos es importante mostrar el precio. Al final quieres una representación lo más real posible del desempeño del producto o servicio en el mercado, así que colocar el precio podría darte una mejor perspectiva de cómo tu cliente reacciona al precio que estás estimando.

Es opcional porque existen casos donde no sabemos el precio todavía (si estamos comenzando una idea de negocios) o, en algunos casos, necesitamos mucha más información del cliente antes de dar un precio (como por ejemplo podría ser un servicio de contabilidad que depende del tamaño de la empresa del cliente para poder darle un estimado).

Tal y como comenté antes, mientras mejor conozcas a tu cliente ideal, más profundo y efectivo será tu concepto de negocio.

A continuación te muestro unos conceptos de negocio superficiales y profundos para su comparación:

Centro de lavado de autos.

Concepto superficial:

"Todos queremos tener nuestro auto limpio. Sin embargo, las idas y vueltas al trabajo y al colegio de los chicos no nos permiten mantenerlo como nos gustaría".

"Por eso existe Autolavado *Rapidín*, un centro diseñado para que solo en 10 minutos y sin esfuerzo, salgas con tu auto de punta en blanco cuando lo desees".

Ahora un concepto con un conocimiento más profundo del cliente ideal:

"El aspecto de nuestro auto es una representación de nosotros como personas. Un auto que brilla comunica a los que están a nuestro alrededor que somos individuos de cuidado, éxito y excelencia".

"Sin embargo, las idas y vueltas al trabajo y al colegio de los chicos hacen que el auto pierda su brillo, y así también nosotros".

"Por eso existe Autolavado *Rapidín*, un centro diseñado para que, en solo 10 minutos, tu auto brille y tu brilles por reflejo".

El concepto (profundo) arriba mencionado tiene algo muy importante que el superficial no posee: conoce muy bien a su cliente ideal.

Sabiendo que voy a generalizar y entendiendo que hay excepciones a mi siguiente comentario, los hombres sentimos que nuestro auto es una representación de quiénes somos como personas. Los hombres nos sentimos exitosos cuando estamos en un auto limpio y brilloso. Los hombres creemos (posiblemente erróneamente) que cuando estamos en nuestros carros de lujo y perfectamente limpios, la gente nos ve y nos admira al pasar (y por supuesto que la supermodelo no se podrá resistir).

Entonces, el concepto del autolavado profundo nos toca emocionalmente. ¿Por qué? Porque conoce nuestros problemas internos (emocionales) y los resuelve dándonos un auto que brille para que nosotros también podamos ser el centro de atención.

Permíteme cerrar este capítulo con otro ejemplo, y de antemano te pido disculpas por la gran cantidad de ejemplos en este capítulo, pero hacer un concepto de negocio robusto no es tarea fácil y la manera en que yo logré aprender a hacerlo fue a través de la práctica y múltiples ejemplos.

Este ejemplo es sobre un detergente para la ropa que deja las prendas blancas y sin mancha.

Concepto superficial:

"Los niños hacen travesuras y constantemente se ensucian la ropa. Por eso necesitas utilizar detergente *Blanquín*".

"Especialmente formulado para eliminar todas las manchas y dejar tu ropa igual de blanca que cuando era nueva".

¿Es este un mal concepto? No. Pero es superficial. Si uno se tomara el tiempo de conocer al cliente ideal de un detergente como este, uno descubriría que hay emociones profundas de las madres conectadas con el hecho de ver a sus hijos de punta en blanco.

Muchas madres sienten que su labor como madre se ve representada en cómo sus hijos actúan fuera de su casa (respeto, modales, etc.) y también en cómo está su vestimenta. Inclusive recuerdo leer comentarios de madres que se sentían frustradas cuando su hijo estaba sucio en la calle. Veían esto como una mala representación de lo que eran ellas como madres.

Sabiendo esto, observa este concepto:

"La vestimenta de tus hijos es una representación del cuidado que tú como madre les das, y su imagen será siempre la primera puerta para su éxito en la vida. Por eso necesitas utilizar detergente *Blanquín*".

"Especialmente formulado para eliminar todas las manchas y dejar tu ropa tan blanca como cuando era nueva, para que sientas orgullo como madre al ver a tus hijos siempre de punta en blanco".

¿Qué hacemos cuando "terminamos" el concepto? Hago énfasis en la palabra "terminamos" porque realmente en este punto tenemos un borrador lo suficientemente bueno para comenzar el proceso de prueba iterativo.

Cuarta parte:
EL PROCESO ITERATIVO

Solo sé que no se nada.

Sócrates

La clase más difícil que tuve (Victor Hugo) en la universidad fue la de termodinámica. La termodinámica es la parte de la física que estudia la acción mecánica (la fuerza) del calor y las restantes formas de energía sobre la materia.

Esta clase me resultó tan traumática que tuve que repetirla cuatro veces hasta que por fin pude aprobarla. No fue un momento fácil para mí en este período de la universidad.

La razón principal por la que se me hacía tan difícil era que la manera de resolver los problemas termodinámicos se realizaba completamente diferente de la que me habían enseñado para resolver los problemas matemáticos y físicos.

En la matemática y física (newtoniana) había un camino y una forma correcta de resolver el problema. Si te sabías o descubrías el camino, cada paso te iba a llevar al resultado.

En la termodinámica no era así, el proceso era iterativo. ¿Qué quiero decir con esto? Que tenías que comenzar un camino (sin saber si era el correcto) y llegar a un resultado. Luego tenías que comenzar otro camino que te llevaba a otro resultado. Entonces comparabas los dos y determinabas si te estabas acercando o alejando de la solución.

Luego de hacer ese análisis, comenzabas otro camino y veías si el resultado se acercaba más a la solución o no, y así sucesivamente. Mientras más te acercabas a la solución, ibas descubriendo que tan elásticas eran las variables para intentar, en este proceso de ensayo y error, atinar al blanco.

Como dijo el poeta Antonio Machado, poema luego cantado por Juan Manuel Serrat: "Caminante [*en la termodinámica*] no hay camino, se hace camino al andar".

¿Qué tiene que ver la termodinámica con los negocios? Que creemos que la fórmula del éxito de los negocios es a + b = c, y la realidad es que necesitamos ir por un proceso iterativo para que, por medio de ensayo y error (de forma rápida y económica), podamos atinar al blanco.

Un proceso de negocios iterativo lo que significa es que llegamos al resultado exitoso mediante aproximaciones sucesivas.

Entendemos que no hay fórmulas para el éxito seguro en los negocios, pero sí un proceso de prueba y error que nos lleva a alcanzar nuestro objetivo.

Este proceso aplicado a nuestro modelo de negocio es un procedimiento donde repetimos las acciones para examinar resultados y probar estrategias, determinando así su efectividad.

www.emprendedorgrowthmodel.com

En el pasado se seguía una fórmula determinada partiendo de un plan de negocio robusto, financiación, un equipo completo, lanzamiento de un producto a todo dar, y todo esto con gran esfuerzo y mucho dinero. Pero la realidad es que la mayoría de los negocios fallaban.

La metodología *Lean Startup* se basa en la afirmación de que se puede hacer el comienzo de cualquier empresa mucho menos arriesgado. Este planteamiento enfatiza en la experimentación por encima de la planificación, tiene en cuenta el *feedback* del cliente sobre la intuición y gira sobre el diseño de un plan iterativo.

Las compañías nuevas están intentando mejorar sus posibilidades de éxito siguiendo sus principios de "falla rápido y aprende continuamente". Es importante señalar que, a largo plazo, muchos de los éxitos que han tenido grandes empresas han sido gracias a la implementación de esta metodología.

Similar a la manera en como se resuelven los problemas en la termodinámica, los emprendedores que utilizan el modelo EGM™, comienzan trabajando el Mapa Ágil de Negocio. Solo después de varias rondas de experimentación del concepto con los clientes ideales, es cuando se plantea un modelo que funciona de forma más sólida permitiendo, a continuación, focalizarse en la ejecución.

Como te enseñaremos en el siguiente capítulo, cuando aplicas este proceso debes realizarlo múltiples veces tratando siempre de acortar el tiempo de aprendizaje en cada ciclo. Tu propósito es aprender al máximo en el menor tiempo posible y con poca inversión.

Después de trabajar este ciclo de aprendizaje una y otra vez, obtendrás uno de los siguientes tres resultados:

Resultado #1: identificaste que tu producto o servicio soluciona las necesidades de un mercado específico y deberías moverte a la ejecución y lanzamiento.

Resultado #2: identificaste que hay potencial en tu producto o servicio, pero necesitas volver a la base y ajustar ciertos aspectos del mismo para volver a iniciar el proceso iterativo.

Resultado #3: concluyes que tu producto no es necesario y es mejor no seguir dedicando más tiempo y dinero. Este resultado también es un éxito porque te permite comenzar un proyecto nuevo en vez de invertir recursos en algo que ya sabes que va a fracasar.

CAPÍTULO 15:
Prueba Inmediata de Vida

Ya "terminaste" tu concepto de negocio. Ahora necesitas probar rápidamente si tiene potencial. Para eso hacemos la Prueba Inmediata de Vida (PIV).

El proceso es sencillo: debes tener una conversación con algunos clientes potenciales.

Es de suma importancia que cuando los emprendedores quieran probar el concepto de su producto o servicio, no cometan el error común de preguntarle a personas que no son sus clientes ideales; por ejemplo: familiares, amigos y personas que simplemente te darán una opinión, pero no están viviendo el dolor o no desean el beneficio que busca tu cliente ideal.

Hay dos maneras de hacer la Prueba Inmediata de Vida: de forma cuantitativa (masiva) o cualitativa (personal o pequeños grupos).

Hay emprendedores que pueden hacer pruebas masivas porque poseen una lista de contactos suficientemente grande o compran listas de clientes potenciales.

Para hacer estas encuestas masivas, y para que puedas considerar los resultados estadísticamente significantes, necesitas alrededor de 200 personas.

Como a la mayoría de los emprendedores se les dificulta conseguir una lista de más de 200 personas que cumplan con las características de su cliente ideal, otra opción es hacerlo de forma personal o en pequeños grupos.

En EGM™ recomendamos buscar unos 10 clientes y entrevistarlos de forma personal.

Proceso de la entrevista:

Algo importante al comenzar la entrevista es mostrar la mínima conexión con la propiedad del concepto y con la conversación que vas a tener. No queremos que el entrevistado sienta que tiene que decirte solo lo positivo porque este concepto de negocio fue creado por ti.

Por esto siempre empiezo mis entrevistas agradeciendo a la persona por su tiempo y diciéndole lo siguiente:

"Una empresa está pensando lanzar el siguiente producto (o servicio) y están interesados en saber tu honesta opinión. No existen respuestas buenas ni malas, y te pido que no te restrinjas de opinar lo que quieras. Esta empresa no está interesada en confirmar si esto es bueno, sino en saber la verdad de lo que tú piensas".

En ese momento le muestro el concepto de negocio y le doy un minuto para que lo lea.

Es importante destacar que no voy a agregar nada al concepto que no esté ya escrito en esa página. No voy a responder preguntas. Lo que está en el concepto es, lo que no está, debe inferirlo el entrevistado.

Luego de leer el concepto le hago las siguientes preguntas:

1. ¿Cuál fue tu reacción inicial al producto/servicio?

- Muy positiva.

- Algo positiva.

- Neutral.

- Algo negativa.

- Muy negativa.

2. ¿Qué tan innovador es este producto o servicio?

- Extremadamente innovador.

- Muy innovador.

- Algo innovador.

- No muy innovador.

- No es innovador.

3. ¿Piensas que es algo que necesitas o que no necesitas?

- Definitivamente lo necesito.

- Probablemente lo necesito.

- Puede ser que sí o no.

- Probablemente no lo necesito.

- Definitivamente no lo necesito.

4. Si el producto/servicio estuviera disponible hoy, ¿qué probabilidades habría de que compraras este producto?

- Definitivamente lo compraría.

- Probablemente lo compraría.

- A lo mejor sí, o a lo mejor no lo compraría.

- Probablemente no lo compraría.

- Definitivamente no lo compraría.

5. Por favor explica por qué (escucha y toma nota del por qué dijo lo que dijo).

Adicionalmente puedes hacer preguntas un poco más profundas y específicas de tu producto o servicio. Ejemplos de ellas serían:

- ¿Cómo utilizarías el producto?

- ¿Qué es lo que más te gustó del producto/servicio?

- ¿Qué fue lo que menos te gustó del producto/servicio?

- ¿Qué te gustaría que tuviera este producto/servicio que hoy no tiene?

- Si no tuvieras este producto/servicio, ¿qué competidor utilizarías? ¿Por qué?

Estas preguntas (y cualquier otra que te parezca relevante) te van a permitir tener una charla muy productiva con tus clientes potenciales.

La pregunta más importante es la #4: "Si el producto/servicio estuviera disponible hoy, ¿qué probabilidades habría de que comprases este producto?". La razón es porque esta pregunta te indica la intención de compra de esa persona.

Uno está buscando que varias personas de las que entrevisten respondan "Definitivamente lo compraría". Es muy importante tener un grupo de personas convencidas de que sí necesitan el producto o el servicio. Si solo recibes "Probablemente lo compraría" o menor, es mejor dar un paso atrás y revisar el concepto.

Siempre busco que entre un 20% y 30% de mis entrevistados digan "Definitivamente lo compraría".

Permíteme darte algunos consejos para tener en cuenta al momento de realizar la PIV. Esto te permitirá obtener la mejor de las respuestas de los clientes potenciales:

1. Evita hacer comparaciones entre dos o tres opciones con la misma persona. Un error muy común es que le dan dos o tres conceptos a las personas y, luego que los leen, le preguntan: "¿Cuál te gustó más?". Esa pregunta no nos da el resultado que esperamos porque la persona está reaccionando ante un escenario que nunca va a ser real.

Por ejemplo, una persona nunca va a ir al automercado y ver el mismo producto presentado en tres empaques diferentes.

Nosotros no estamos buscando que tome una decisión entre dos o más posibilidades, sino que reaccione ante la que le exponemos.

Si tienes varios conceptos, debes mostrarle uno y llevarlo por todas las preguntas respectivas. Luego puedes mostrarle el segundo y llevarlo por las preguntas otra vez, y así sucesivamente.

2. Recuerda que buscamos positivismo y polarización. No nos sirve una posición neutral. Lo peor que te puede pasar en la prueba inmediata de vida de un concepto de negocio es tener muchas personas que sean neutrales (no les apasiona, pero tampoco les desagrada). La razón es porque los productos y servicios neutrales no generan pasión, ni lealtad, ni intención de compra. Uno necesita polarización: gente que ame tu concepto de negocio (o que lo rechace también).

3. Es importante recabar información no solo de los que amen tu producto sino de los que lo rechacen. Recordando el punto anterior, la neutralidad no es lo que queremos. Por supuesto que idealmente queremos que todos adoren nuestro concepto, pero también es importante destacar que los que rechacen tu producto fervientemente, también son una fuente valiosa de información porque pueden revelarte puntos ciegos.

Luego de esta serie de entrevistas (recuerda que en EGM™ recomendamos diez), tendrás mucha más información para pulir tu concepto y empezar a trabajar en crear tu producto o servicio.

www.emprendedorgrowthmodel.com

CAPÍTULO 16:
Producto Mínimo Viable

En el año 1999, Nick Swinmurn fundó una empresa para vender zapatos en línea llamada Zappos. A pesar de que en la actualidad comprar zapatos en línea y que te los entreguen en la puerta de tu casa es aceptado por muchos, en 1999 muy pocos creían que esta modalidad tendría éxito.

Para comenzar, a las personas les gusta probarse los zapatos, ver cómo les quedan y cómo se sienten al caminar. También necesitan asegurarse de que son de la talla correcta, etc. Por estas y otras razones, se veía difícil que las personas pudieran comprar zapatos en línea.

Sin embargo, Nick estaba convencido de su idea así que invirtió 10 millones de dólares en un centro de distribución masivo, creó una página web deslumbrante e inundó internet con publicidad de su compañía.

Mentira. No hizo nada de eso.

De hecho, hizo todo lo contrario. Su pregunta fue: "¿Cómo logro asegurarme de que, con la mínima inversión posible, puedo comprobar que sí hay personas que están dispuestas a comprar zapatos por internet?".

Pues Nick hizo lo impensable, fue a varias tiendas de zapatos en San Francisco y les tomó fotos a los calzados. Subió estas imágenes a su página web y, si alguien compraba, él iba a la tienda donde tomó la foto, compraba los zapatos y los despachaba por correo al cliente que los había adquirido en su tienda online.

Nick hizo todo manualmente con un objetivo: comprobar que la gente sí estaba dispuesta a comprar zapatos online. En el momento que había probado su hipótesis, comenzó el proceso de construcción y crecimiento de Zappos, que llevó a la compañía a superar 1 billón USD en ventas en el año 2008 y fue comprada por Amazon en el 2009.

Lo que Nick hizo fue crear un Producto Mínimo Viable (un *website* con fotos de zapatos que están en zapaterías en San Francisco) y aprender con la mínima inversión de capital.

Un Producto Mínimo Viable (PMV) es una versión de un producto con las características suficientes para que los primeros clientes puedan utilizarlo y proporcionar retroalimentación para el desarrollo futuro del producto.

Muchos emprendedores pasan meses y años para lanzar un producto buscando la perfección. Creen incorrectamente que el producto (o el servicio) necesita estar perfecto para poder lanzarlo al mercado.

El diseño de un producto mínimo viable evita, en primer lugar, pérdida de tiempo.

CUARTA PARTE: **EL PROCESO ITERATIVO** | CAPÍTULO 16

En el siguiente gráfico podemos ver el balance que se necesita para crear un producto mínimo viable efectivo.

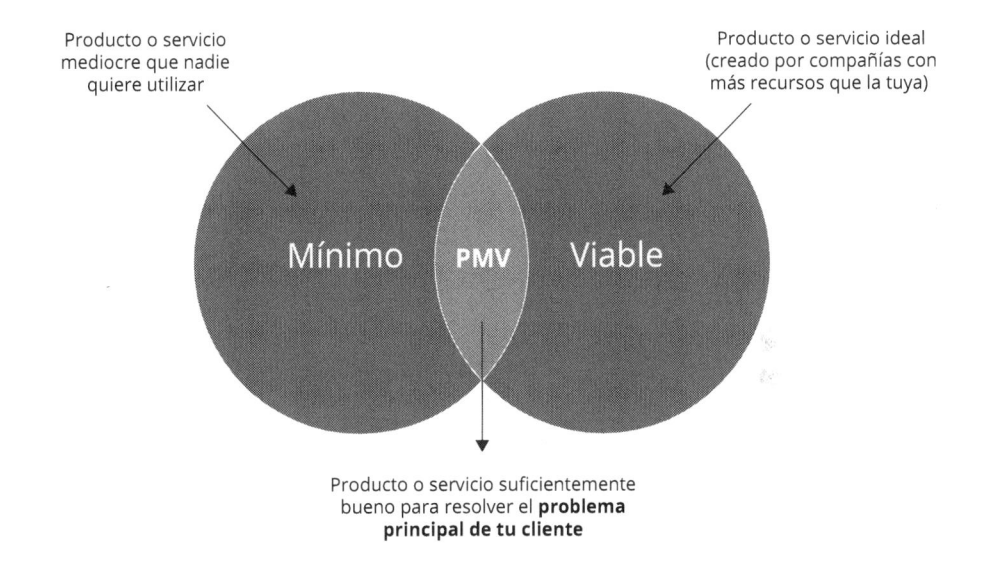

Producto o servicio mediocre que nadie quiere utilizar

Producto o servicio ideal (creado por compañías con más recursos que la tuya)

Mínimo PMV Viable

Producto o servicio suficientemente bueno para resolver el **problema principal de tu cliente**

La clave principal es que el producto debe ser lo suficientemente bueno (no mejor ni peor) para resolver el problema principal de tu cliente.

Es importante aclarar qué no es un producto mínimo viable: si tenemos un producto incompleto o mediocre, no vamos a lograr que el cliente se interese porque no está solucionando su problema.

Si en el otro extremo tenemos un producto que supera las expectativas de tu cliente, es un indicativo de que tardaste demasiado en lanzarlo al mercado y, en consecuencia, perdiste mucha retroalimentación de tu cliente que probablemente sea muy difícil agregar en una etapa tan avanzada.

Lo que se requiere es un punto medio que lo haga viable, con las características mínimas que necesita para que sea una solución al problema que tiene el consumidor.

EL EMPRENDEDOR INTELIGENTE

Este gráfico nos enseña lo que es y lo que no es un PMV:

¿Qué NO es un PMV?

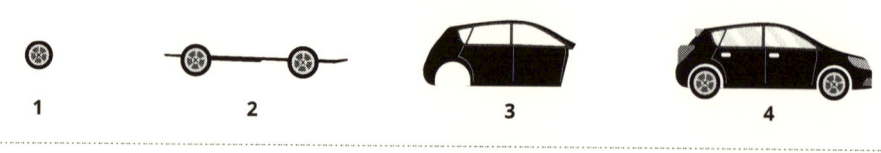

1 2 3 4

¿Qué NO es un PMV?

1 2 3 4

¿Qué SI es un PMV?

1 2 3 4

El problema que resuelve un auto es que el cliente necesita transportarse de un punto A a un punto B.

En el ejemplo 1, una llanta del carro no resuelve el problema de transportación del cliente. Esto nos lleva a entender que un PMV no es un pedazo del producto.

En el ejemplo 2, tampoco son un PMV porque estos medios de transporte (patineta, bicicleta, etc.) están en otra categoría.

El ejemplo 3 sí es un PMV porque un auto de modelo sencillo permitirá al consumidor conducir desde un punto A a un punto B al poseer lo mínimo necesario para la transportación segura y cómoda de la persona.

A medida que se recibe retroalimentación de ese primer PMV, el producto puede evolucionar y transformarse en un auto más completo, cómodo y grande.

Para determinar nuestro PMV necesitamos, primero que nada, ir al Mapa Ágil de Negocio para asegurarnos que tenemos claridad en el problema que estamos resolviendo.

Luego hacemos una lista de las características de nuestro producto o servicio y colocamos al lado si esa característica es PMV (característica absolutamente necesaria para resolver el problema de tu cliente) o No-PMV (característica que deleita a tu cliente, pero no es absolutamente necesaria).

Características	PMV	NO PMV

Esta lista, que indica las características absolutamente necesarias para resolver el problema de tu cliente, te guiará para crear tu primer PMV.

¿El PMV es solo para productos o servicios?

El concepto de Producto Mínimo Viable no se limita a un producto tangible o a un servicio, puede también extenderse a una idea mínima viable.

Es una filosofía que se aplica para la mejora continua de tu negocio.

Por ejemplo, puede ser que mi instinto me diga que debería cambiar mi proceso de ventas. En vez de tomar una decisión drástica, cambiar el proceso a través de toda mi fuerza de ventas e invertir tiempo y dinero en re-entrenar a todos en el nuevo método, podría utilizar la filosofía de PMV.

Podría escoger a tres de mis 25 vendedores y entrenarlos en la nueva metodología. En el proceso de entrenamiento recibiría retroalimentación de ellos, lo cual sería información de mucho valor. Luego, esperaría unas semanas para ver los resultados de la nueva estrategia de ventas y podría compararla con la anterior.

De ser exitoso el cambio, entonces podría decidir expandir la estrategia a otro grupo de vendedores y, eventualmente, a toda la empresa.

El tiempo es oro

Quien ha tenido la experiencia de compartir un equipo de trabajo con personas perfeccionistas, sabe de primera mano que muchas veces las mismas no llegan a concretar casi nada de lo que planifican. La razón es que esta tendencia perfeccionista las lleva a invertir mucho tiempo en asegurarse de que todo va a funcionar bien, que tienen todo bajo control y eso se puede convertir en pérdida de tiempo.

La idea de la estrategia del PMV es que no pase mucho tiempo antes de que se lleve a cabo.

www.emprendedorgrowthmodel.com

El proceso del PMV

El proceso del PMV es de mejora continua. Lo que queremos es conseguir personas que utilicen nuestro producto o servicio a una menor escala, para aprender, ajustar y mejorar el PMV. Este es el ciclo:

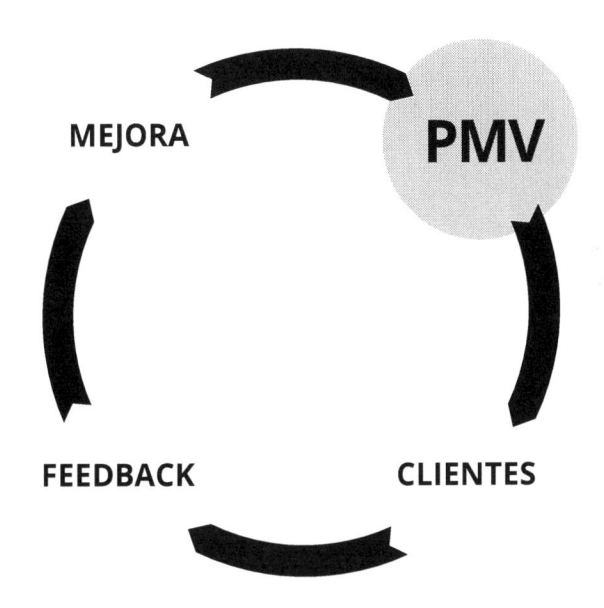

```
        MEJORA → PMV
           ↑       ↓
        FEEDBACK ← CLIENTES
```

Este ciclo se inicia bajo el concepto de microlanzamientos sucesivos. Contrario al proceso de lanzamientos estratosféricos como estamos acostumbrados a ver cuando Coca-Cola lanza un nuevo producto, en nuestro caso vamos por un proceso progresivo de pequeño a grande a medida que repetimos cada vuelta de este ciclo.

Cuando estaba a cargo del departamento de nuevos negocios en Procter & Gamble (un departamento creado con la visión de tener un grupo con mentalidad emprendedora dentro de la corporación), uno de nuestros proyectos era lanzar un equipo que filtrara el aire. Este aparato estaba diseñado para colocarlo en un cuarto, o la sala de tu casa, y filtraba el aire para que las personas respiraran un aire mucho más limpio.

Acostumbrado a los lanzamientos multimillonarios de los productos de Procter & Gamble (que incluían meses en televisión y en algunos casos comerciales en el Súper Tazón), nuestro lanzamiento fue lo más pequeño que se había vivido en la compañía.

Habíamos construido 20 de estos aparatos. Así que fuimos a una tienda de una cadena de farmacias muy conocida en Estados Unidos. Hablamos con el gerente y le pedimos que nos permitiera colocar estos aparatos en el anaquel a un precio de venta razonable y accedió.

Adicionalmente nos permitió ir a la oficina y ver por las cámaras de seguridad la reacción de la gente al ver el filtro de aire.

Cuando alguien decidía comprar el aparato y lo llevaba a la caja registradora, uno de nosotros salía de la oficina y le decía a la persona lo siguiente: "si aceptas que te hagamos dos encuestas (una ahora y la otra en un mes), te permitiremos que te lleves el aparato de regalo".

Todos aceptaron. Vendimos (regalamos) los 20 en menos de una semana. Y lo más valioso fue la información que nos dieron estos clientes al momento de compra y luego de un mes de uso.

Eso nos permitió detectar fallas en el empaque, en la comunicación y errores en el aparato que pudimos corregir antes de ir a un lanzamiento más grande.

Luego de hacer las correcciones, fuimos a más tiendas y colocamos el producto a la venta en una página web. Controlamos el tráfico para no tener muchas ventas porque no contábamos con una gran cantidad de estos aparatos. Aprendimos aún más. Corregimos los errores, mejoramos el producto, y seguimos así sucesivamente.

En cada microlanzamiento sucesivo nos hacíamos las siguientes preguntas:

www.emprendedorgrowthmodel.com

1) ¿Qué funcionó bien?

2) ¿Qué no funcionó?

3) ¿Qué tengo que mejorar para el siguiente PMV?

La clave está en hacer estos microlanzamientos sucesivos de una manera que sea económica y que te permita tener la mejor información posible.

Luego del proceso de aprendizaje de los microlanzamientos, llega el momento donde podemos hacer un lanzamiento de tu producto o servicio a otro nivel. Toda la información que recabaste en estas semanas o meses maximizará en extremo la posibilidad de éxito de un lanzamiento a mayor escala.

Antes de planificar el lanzamiento es importante asegurarse de que hemos completado todos los campos de nuestro Mapa Ágil de Negocio.

EL EMPRENDEDOR INTELIGENTE

www.emprendedorgrowthmodel.com

CAPÍTULO 17:
Completando el Mapa Ágil de Negocio

Ya con la información que hemos recibido de los microlanzamientos sucesivos, podemos culminar el Mapa Ágil de Negocio.

Equipo

Una de las diferencias más grandes entre un emprendedor novato y un emprendedor maduro es la siguiente: cuando un emprendedor novato se da cuenta de que necesita hacer algo en su empresa que no sabe o nunca ha hecho, aprende cómo hacerlo y lo ejecuta. Cuando un emprendedor maduro se enfrenta al mismo problema, busca quién sabe hacerlo y lo contrata.

El emprendedor novato cree que tiene que hacerlo todo y que nadie hace las cosas tan bien como él. El emprendedor maduro sabe que no podrá crecer si no delega y crea un equipo que sostenga el negocio.

Por eso es importante hacerse la pregunta: ¿cuál es el equipo que necesito? ¿A quién necesito hoy o en el futuro?

Entiendo que, al principio, el emprendedor no dispone de los fondos económicos para contratar a otra persona y decida por sí mismo, pero es importante tener una visión de la organización que se necesita crear en el futuro cercano.

En general, una organización necesita de los siguientes pilares:

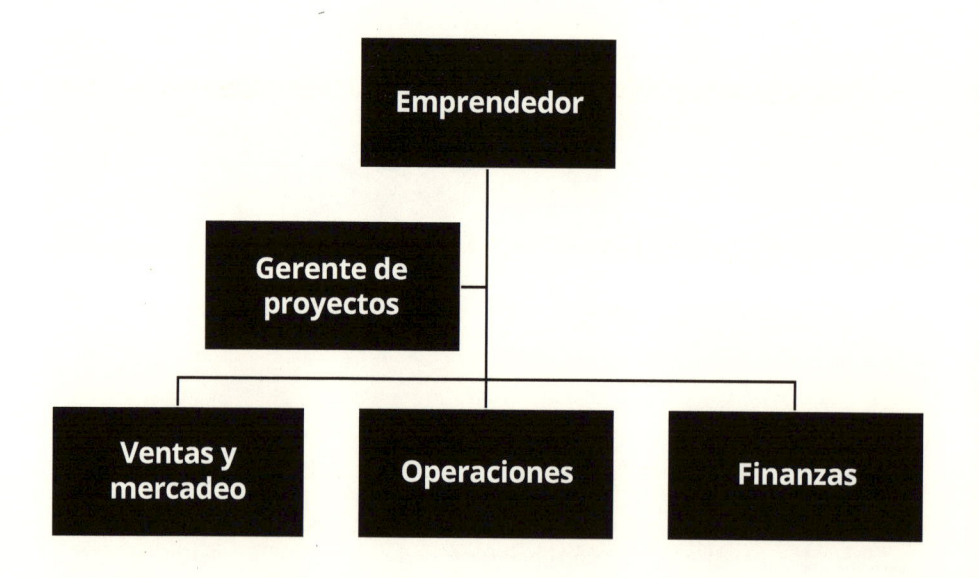

```
                    Emprendedor
                         |
              Gerente de proyectos
                         |
        ┌────────────────┼────────────────┐
   Ventas y          Operaciones       Finanzas
   mercadeo
```

El emprendedor es el dueño y visionario. El Gerente de Proyectos es el encargado de asegurarse de que todo el mundo está en ritmo, cumpliendo sus tareas y metas de la organización. La persona de Ventas y Mercadeo está encargada de traer prospectos al negocio y construir la marca. Operaciones, como su palabra lo indica, busca asegurarse de que el negocio está operando correctamente y, la persona de Finanzas, lleva el orden financiero, el flujo de caja, las proyecciones y los estados financieros.

Al principio puede ser que el emprendedor cumpla todas estas funciones a la vez pero necesita, lo antes posible, comenzar a llenar estas cajas con personas especializadas que traigan mucho más valor y liberen al emprendedor para enfocarse en lo que mejor hace.

Canales de venta y distribución

La pregunta en este caso sería: "¿Dónde vas a vender tu producto o servicio?". He aquí unos ejemplos:

- Página Web (Comercio Electrónico)
- *Marketplace* de comercio electrónico, como Amazon o Mercado Libre.
- En tiendas despachando directamente.
- En tiendas a través de distribuidores.
- Embudos de venta digitales.
- Directo al cliente.
- En eventos en vivo (convenciones, espectáculos de la industria, etc.).
- Empresas de descuento.
- Otros.

Plan de Mercadeo y Ventas

Tener un plan de mercadeo robusto es la clave de un lanzamiento exitoso, por eso quiero dejarte una lista de posibles actividades que puedes realizar para promover el lanzamiento de tu producto o servicio:

- Optimización de Búsqueda en Google (SEO).
- Creación de contenido.
- *E-mail marketing*.
- Boletín.
- Redes Sociales (Orgánico).
- Redes Sociales (Pago).
- Publicidad de boca en boca.
- Contratar *Influencer*.
- Mercadeo Digital: *Google Ads*.
- Mercadeo Digital: *Banners*.
- Alianzas.
- Crear comunidad.
- Mercadeo Clásico: Televisión.
- Mercadeo Clásico: Radio.
- Mercadeo Clásico: Revistas y periódicos.

- Mercadeo Clásico: Trípticos y volantes.

- Mercadeo Clásico: Vallas publicitarias.

- Mercadeo Clásico: Conferencias.

- Mercadeo Clásico: Contactos.

- Mercadeo Clásico: Otro.

- Otro:

Financieros

Es bueno tener en claro que existen ciertos indicadores financieros. Estos son los más importantes:

- Precio de venta del producto o servicio.

- Costo de producción (también llamado COGS) indica, en el caso de un producto, cuánto te cuesta producirlo. Normalmente incluye el costo de la producción, los empleados que lo producen, la materia prima, material de empaque, etc. En el caso de un intangible como un servicio, incluye el costo y los honorarios de la persona que lo ejecuta.

- Margen de utilidad: muestra cuánto ganamos o perdemos (en porcentaje) cada vez que vendemos un producto o un servicio.

- Proyección de flujo de efectivo: ¿cuánto me durará el efectivo que tengo en la cuenta para manejar las operaciones de la empresa?

Proyección de ventas

Acá solo queremos un estimado. Debido a que es muy difícil predecir las ventas, es importante traducir la *Meta Grande y Audaz* (que definiste en la segunda parte de este libro) en ventas.

¿Cuánto crees que vas a vender en al año 1, 2 y 3? Y luego puedes comparar esto con tu MEGA.

Ya con esto listo, podemos movernos al lanzamiento.

CAPÍTULO 18:
Lanzamiento

Uno de los momentos más solitarios lo vives antes de un lanzamiento. Sientes miedo. No sabes si al abrir las puertas de tu negocio, activar el carrito de compra de tu página web o abrir las puertas del salón del hotel donde tendrás tu evento, habrá gente del otro lado lista para comprar.

Quiero que sepas esto, si seguiste los pasos que te enseñamos, habrá gente del otro lado que te comprará.

Como podrás ver a esta altura del libro, este proceso no ha sido basado en una corazonada o la intuición, sino en un proceso comprobado, por medio de un conocimiento profundo de tu cliente ideal e iteraciones sucesivas para desarrollar un producto o servicio que las personas quieran.

El proceso de lanzamiento de un producto o servicio se divide en tres etapas: prelanzamiento, lanzamiento y postlanzamiento.

Prelanzamiento

El objetivo principal de este proceso es generar expectativa. Aquí podemos utilizar algunos de los gatillos mentales (que veremos más adelante en este capítulo), junto con estrategias que, además de apuntar al problema que afecta al consumidor y su dolor, revelen el pronto acceso a una solución.

Sin revelar cuál es el producto o servicio, se debe anunciar que en pocos días se va a terminar el sufrimiento por el problema que tienen. Así es como se crean las campañas de expectativa.

También existen algunos aspectos que van a ser muy importantes y que debemos revisar. Uno de ellos es el aspecto legal.

El nombre oficial de nuestro producto o servicio debe estar debidamente protegido, registrado y asegurarnos de que no estemos violando lo que se conoce como *Propiedad Intelectual* (*IP* en inglés). En cada país y en el caso de la Unión Americana, en cada estado pueden existir regulaciones diferentes con respecto a marcas o determinados productos o servicios. Es importante asesorarse bien para no llevarnos sorpresas a la hora de lanzar el producto al mercado.

También debemos asegurarnos de cubrir los aspectos financieros. Al momento del lanzamiento debemos haber definido el precio y estar seguros de que es el precio en el que debemos vender el producto. Del mismo modo, el plan de ofertas con las estrategias de venta que vamos a utilizar debe estar muy bien definido. Esto debe hacerse sobre un presupuesto previamente establecido para mercadeo, sin olvidar un fondo para gastos inesperados.

Los números de las ventas deben estar siempre muy claros y debemos contar con un método de contabilidad que garantice el tener unas cuentas claras y limpias. Esto con la finalidad de determinar de forma exacta cuál es la ganancia en un período de tiempo, analizar las inversiones que hemos hecho y considerar inversiones futuras de acuerdo a la rentabilidad del producto o servicio.

A continuación te dejo ciertos aspectos que, dependiendo del tipo de producto o servicio, debes tomar en consideración:

www.emprendedorgrowthmodel.com

- Inventario de materia prima, material de empaque y producto terminado.

- Plan de producción.

- Inventario de lanzamiento listo.

- Sistema de entrega, distribución en funcionamiento.

- Sistema de devoluciones y reembolsos en funcionamiento.

- Cadena de suministros completa.

- Proceso de compra, pago probado y funcionando.

- Proceso de facturación.

- *Software* necesario.

- Página web.

- Redes sociales activas.

- Plan de mercadeo.

Utilizando la lista de ideas de posibles actividades de mercadeo que mostré anteriormente, puedes definir cuáles de ellas ejecutarás en las diferentes etapas de lanzamiento:

Pre = Actividades que ejecutarás en el período de prelanzamiento.

L = Actividades que ejecutarás en el período de lanzamiento.

Post = Actividades que ejecutarás en el período de postlanzamiento.

EL EMPRENDEDOR INTELIGENTE

Actividades	PRE	L	POST
Optimización de Búsqueda en Google (SEO)			
Creación de contenido			
E-mail marketing			
Boletín			
Redes Sociales (Orgánico)			
Redes Sociales (Pago)			
Publicidad de boca en boca			
Contratar Influencer			
Mercadeo Digital: Google Ads			
Mercadeo Digital: Banners			
Alianzas			
Crear comunidad			
Mercadeo Clásico: TV			
Mercadeo Clásico: Radio			
Mercadeo Clásico: Revistas y periódicos			

www.emprendedorgrowthmodel.com

Actividades	PRE	L	POST
Mercadeo Clásico: Trípticos y volantes			
Mercadeo Clásico: Vallas publicitarias			
Mercadeo Clásico: Conferencias			
Mercadeo Clásico: Contactos			
Mercadeo Clásico: Otro			
Otro:			

Lanzamiento

Este es el gran momento para el cual debemos estar preparados, esperando lo mejor y teniendo la capacidad de responder a la reacción positiva de los consumidores. El lanzamiento de un producto se hace según se haya definido al cliente ideal. Esto nos permitirá saber cómo llegaremos a ellos y cuáles serán los canales ideales para este fin.

Existen diferentes plataformas de publicidad para anunciar dicho lanzamiento, dependiendo del presupuesto con el que cuentes para la parte de publicidad.

Algunas plataformas de mercadeo son las páginas web, publicidad en las redes sociales, canales de televisión y publicidad radial en las ciudades donde exista una gran audiencia, que son por lo regular aquellas donde se conduce por muchas horas. La selección de los medios está ligada al conocimiento de nuestro cliente y sus preferencias, proceso por el cual ya te hemos llevado al explicarte nuestro modelo EGM™.

Cuando se trata de un producto o servicio que implica una venta personalizada, debemos corroborar que tenemos un equipo de ventas entrenado, el material de apoyo necesario y las metas de venta bien definidas y comunicadas.

Todo el equipo debe estar enfocado en el lanzamiento. Si se encuentran localizados en diferentes lugares geográficos, deben estar atentos para resolver cualquier problema rápidamente y comunicarse sin barreras.

Por más que hayas preparado tu lanzamiento con detalle, es muy probable que ocurra algo inesperado: un camión de entrega de tu producto no llegará a tiempo, o la página web se caerá, o la compañía de cobros te bloqueará la cuenta bancaria por una repentina entrada de fondos (sí, todas estas y muchas más cosas me pasaron a mí).

Energía, enfoque y alta comunicación te permitirán moverte a través de un proceso de lanzamiento exitoso.

Una de las herramientas más poderosas de la psicología del mercadeo y ventas que puedes utilizar para maximizar el éxito de tu lanzamiento, es la de los gatillos mentales.

Los gatillos mentales

Como indica la palabra, son acciones que disparan y aceleran comportamientos a un nivel subconsciente en las personas.

Estos gatillos mentales aceleran el proceso de tomar una decisión y, en este caso específico, nos referimos a una decisión de compra.

En ese momento, una cantidad de sentimientos florecen, principalmente los relacionados con el miedo a quedarse fuera (FOMO), con el riesgo, etc.

Aunque los gatillos mentales son utilizados diariamente para la manipulación, en este caso nuestra motivación es derribar la barrera de compra.

Cuando un individuo se enfrenta a un nuevo producto, se crea una barrera de compra que ya no existe cuando una persona compra un producto por segunda o tercera vez. Evidentemente, comprar un producto o servicio que nunca has adquirido antes, significa un riesgo importante.

Nosotros utilizamos los gatillos mentales para derribar esa barrera inicial, motivar al proceso de compra y llevar al cliente a experimentar la solución a su problema.

Los siete gatillos mentales son:

1. Escasez.
2. Urgencia.
3. Reciprocidad.
4. Autoridad.
5. Demostración.
6. Testimonios.
7. Compromiso.

El gatillo mental de la escasez

El ser humano, mientras más escaso sea algo, más lo quiere. La razón por la cual los diamantes son tan costosos es por lo siguiente: son escasos. Si el día de mañana consiguieran una mina gigantesca de diamantes en la luna, ese día los diamantes no valdrán mucho.

El gatillo de la escasez tiene que ver con ofrecer un número limitado de productos o espacios para tu servicio. Si yo digo que solo voy a abrir tres cupos para mi programa de *coaching*, generará más interés en el cliente potencial de dar el paso y comprar.

Si en el caso de tu producto solo ofrecieras 50, los prospectos que tengan interés y temor de quedarse fuera se verán motivados a dar el paso de compra.

El gatillo mental de la urgencia

Si has pasado por un canal de infomerciales, debes estar acostumbrado a escuchar la frase "Si llamas en los próximos 15 minutos, adicionalmente al sartén *Resbaladín*, te daremos dos sartenes *Resbaladín* de diferentes tamaños".

El gatillo mental de urgencia tiene que ver con que existe un límite de tiempo para tomar la decisión y, si no das el paso, te quedas fuera.

Las personas que compren su entrada para el Congreso EGM™ antes de una fecha específica, recibirán un descuento sustancial; esto también es un ejemplo de urgencia.

Existen emprendedores que hacen sus lanzamientos en una ventana de tiempo: las ventas solo estarán disponibles antes de una fecha específica.

El gatillo mental de la reciprocidad

La reciprocidad es un principio que dice que las personas, al nivel subconsciente, tienden a ser un espejo de lo que tú hagas por ellas. En consecuencia, si les agregas valor a las personas, ellas te agregarán valor a ti.

Imagina que estás buscando a un contador para tu negocio. Le das una llamada a una contadora que una amiga te recomendó. Al hablar con ella, te invita a su oficina para una reunión exploratoria.

En esa reunión te hace preguntas sobre las finanzas de tu negocio, te da consejos (sin cobrarte) e inclusive te ayuda a resolver un problema que tenías con una declaración de impuestos del año pasado.

Por el principio de reciprocidad, es mucho más probable que decidas contratarla porque te sientes en deuda luego de tanto valor que te agregó.

Por eso, uno de los principios de negocio que enseñamos en EGM™ es siempre dar más valor que el que tu cliente espera de ti.

El gatillo mental de la autoridad

Las personas siguen, compran y confían en personas o marcas de mayor autoridad. Por eso, si un dentista te recomienda una marca de cepillo dental o un médico te sugiere una marca de vitaminas, es muy probable que la compres.

Esta es la razón por la cual si vas a mi web victorhugomanzanilla.com, verás una foto mía cuando fui entrevistado en CNN y otra foto cuando estaba dando una conferencia frente a 2,500 personas. La razón es autoridad. De esta manera, cuando una persona llegue por primera vez a mi web, sabrá que mi sitio es diferente al de un vendehúmos, por ello muestro ejemplos de autoridad.

Si, por ejemplo, antes de comenzar tu negocio de consultoría fuiste vicepresidente de una empresa importante y reconocida, debes decirlo para generar autoridad.

El gatillo mental de la demostración

No existe nada más poderoso a la hora de vender que una demostración. Cuando voy a las exposiciones de alimentos con mi marca SaltMe!®, siempre le doy muestras a las personas para que las prueben y se convenzan de que nosotros no sacrificamos el sabor de las papitas al disminuir los niveles de sodio.

Por esta razón, miles de empresas invierten millones de dólares en puestos de muestras en supermercados alrededor del mundo. Ellos saben que, si las personas prueban su producto, es muy probable que lo compren.

Una de nuestras clientes de EGM™ tiene un negocio de venta de filtros de agua para la casa. Su proceso de venta es fantástico. Los vendedores tocan la puerta del prospecto y le piden que les traigan un vaso de agua potable. Al recibirla les muestran por medio de un test la cantidad de impurezas y bacterias que tiene el agua que consumen.

Luego sacan su filtro portable, pasan el vaso de agua por el mismo y hacen nuevamente la prueba. No hay bacterias ni impurezas. Todo mostrado en frente del cliente. Una gran cantidad de personas lo compra.

El gatillo mental de los testimonios

Esta estrategia es lo más cercano a la confianza que puede tener una persona en otra. Es porque van directamente al punto de conexión humana y empatía con tu cliente.

Es extremadamente poderoso tener testimonios de tu producto o servicio. Incrementará poderosamente tus ventas.

El gatillo mental del compromiso

A medida que una persona se compromete más en el proceso de compra, más difícil es que se salga. Intencionalmente se pueden crear compromisos en el proceso de compra.

Un amigo llamado Justino utiliza este gatillo a la perfección. Justino es agente de bienes raíces y, cuando es contactado para trabajar con un cliente potencial, él les pide una reunión introductoria.

En la reunión introductoria, Justino les hace una gran cantidad de preguntas. Él invierte al menos dos horas de su tiempo entrevistando a su cliente potencial.

¿Por qué tanto tiempo?, le pregunté. Me respondió que después de que los clientes pasan dos horas respondiéndole preguntas, ya no quieren volver a ser entrevistados por ningún otro agente de bienes raíces.

La entrevista fue un compromiso tan grande por parte de los prospectos, que ya se sienten inmersos en el proceso, prefiriendo de esta manera seguir adelante con Justino en lugar de iniciar una nueva búsqueda con otro agente.

El objetivo de explicar estos gatillos mentales no es que busques aplicarlos todos en tu producto o servicio, sino que revises si alguno es relevante y puede ser utilizado para mejorar tu lanzamiento. Lo más importante es usarlos con base en la verdad y que la honestidad sea siempre el elemento principal.

Proceso de postlanzamiento

El proceso de postlanzamiento tiene tres objetivos:

1) Entender por qué compró el que compró.

2) Entender por qué no compró el que no compró.

3) Continuar agregando valor para buscar la recompra o un referido.

4) Solicitar una reseña o testimonio.

Luego del lanzamiento se le debe hacer una encuesta a todo el que compró para entender qué fue lo que más le llamó la atención, cómo llegaron a conocer el producto o servicio, por qué decidieron comprar, y cuál ha sido su experiencia con el mismo.

También es importante buscar a los que tuvieron contacto con el producto o servicio, pero decidieron no comprar. ¿Por qué? Porque entendiendo estas barreras de compra puedes trabajar en derribarlas para nuevos clientes en el futuro.

Por ejemplo, si muchas personas no compraron tu producto porque era demasiado costoso, probablemente debas profundizar más en tu proceso de venta sobre el valor que estás dando comparado con otras opciones.

Si no compraron el producto porque no creían en la promesa, probablemente debas trabajar en incrementar los testimonios, o hacer más demostraciones o inclusive darles una garantía de satisfacción (si no le gusta le devolvemos el dinero).

Adicionalmente, debemos conversar a fondo con clientes satisfechos para buscar la recompra (en caso de que aplique) e inclusive para que nos refieran a otras personas.

Y en último lugar, queremos testimonios y reseñas, por eso debemos tener un proceso para detectar estos clientes satisfechos y solicitarles ese apoyo.

www.emprendedorgrowthmodel.com

Quinta parte:
TU GRAN HISTORIA

*No tengas miedo de renunciar a lo bueno
para ir a por lo grandioso.*

John D. Rockefeller

CAPÍTULO 19:
La jornada del héroe emprendedor

(Extracto del libro *Emprendedor: Conquista el arte de los negocios,* de Victor Hugo Manzanilla)

Recuerdo que era un domingo como cualquiera. Acababa de terminar el servicio en la iglesia cuando una pareja de grandes amigos, David y Beth Gaines, me invitaron a una conferencia para escuchar a alguien llamado Donald Miller.

Nunca había escuchado de él.

No sabía quién era. Solo me dijeron que era un escritor.

Al final, como muchos domingos, no tenía nada nuevo que hacer así que decidí acompañarlos.

En el camino, David me siguió contando más sobre este tal Donald Miller: era un escritor que había lanzado un libro titulado *Tal como el jazz*, y que figuró entre los más vendidos del *New York Times* e hizo muy famoso al autor de forma muy rápida.

Llegamos al teatro y comencé a escuchar su presentación.

Donald Miller contó que, gracias al éxito de su libro, unos directores de Hollywood lo contactaron para proponerle hacer una película sobre su vida inspirada en el libro. Donald aceptó la propuesta y estos directores viajaron a conocerlo y a dar los primeros pasos con el guion de la película.

Donald nos contó que, con el tiempo, comenzó a darse cuenta de que estas personas cambiaban ciertos detalles de su vida. Al principio no le importó mucho, pero los cambios se hacían cada vez más notables al punto de ser una historia bastante distinta a su relato. *Tal como el jazz* se trataba de sus remembranzas, era una especie de autobiografía, pero los cambios que incorporaron a la adaptación cinematográfica reflejaban una vida distinta a la de su relato en el libro.

Hicieron cambios tan importantes como el lugar donde había trabajado de pequeño, la relación con su padre y muchos otros aspectos de su historia.

Frente a esto, Donald decidió detener esta situación.

"¡Un momento! —dijo—. ¿Por qué están cambiando mi historia? ¿Qué tiene de malo mi historia? Mi familia y amigos van a ver la película y se darán cuenta de que ustedes cambiaron gran parte de mi historia. ¿Por qué cambian mi historia?".

Al verse confrontados, este par de directores de Hollywood se miraron uno al otro y, respirando hondo, dirigieron su mirada hacia Donald y dijeron:

"Donald, tu vida resulta aburrida. Necesitamos hacerle cambios para que sea una historia emocionante, de manera que cuando la gente vea la película no se salga de la sala a la mitad".

Recuerda que yo estaba en un evento escuchando esto. Donald, que es un hombre muy jocoso, contó la historia de tal manera que las personas en el teatro comenzaron a reír sin parar.

Pero yo no me estaba riendo.

En realidad, sentí como si me estuvieran clavando un puñal, ya que también me hice la siguiente pregunta:

Si hicieran una película sobre mi vida, ¿sería una película llena de aventura, de riesgo y victoria? ¿O sería una de esas películas en donde la gente abandona la sala de cine a la mitad de la proyección?

Mi respuesta fue dura y tajante: sería una película aburrida.

Hasta mi mamá se saldría del cine a la mitad del filme.

En ese momento estaba teniendo mucho "éxito" en mi vida profesional: carros nuevos, una casa grande, viajes por el mundo, etc.

Pero me sentía muerto por dentro.

Estaba, como dice el conocido y mal atribuido dicho a Henry David Thoreau: "viviendo una vida de silenciosa desesperación".

Mi vida se había convertido en la del estadounidense común: de la casa al trabajo, del trabajo a la casa, ir a cenar a los mismos lugares, mismos planes de fin de semana, mismas reuniones con amigos, mismas vacaciones, contar los mismos chistes una y otra vez. Es decir, tenía muchos de los "juguetes" que quería, pero me sentía internamente insatisfecho.

Estaba creando una vida aburrida.

Esto me llevó a un proceso reflexivo tratando de entender cuáles eran los principios que los directores de Hollywood utilizarían para crear una gran película.

Pensé que, si lograba aprender estos principios que por décadas han utilizado los directores, poetas y escritores, podría aplicarlos a mi propia vida y, de esa manera, vivir una vida de película.

Comencé con este proceso de búsqueda. Leí diferentes escritores y poetas. Conseguí un manual que Disney utilizaba como regla de estructura para sus películas.

Ahí conseguí a Joseph Campbell.

Y todo cambió para siempre.

Titanic: la película

¿Cuántas veces has visto la película *Titanic*? Me refiero a la protagonizada por Kate Winslet y Leonardo DiCaprio.

Seguramente has visto la película más de una vez.

Seguro que la has repetido muchas veces.

En su momento fue la película más taquillera en la historia del cine. Hasta la fecha ha recaudado más de 2,2 mil millones de dólares.

Cuando se estrenó, muchas personas la veían en repetidas ocasiones. Iban al cine dos o tres veces a la semana para verla.

Esta es la gran pregunta: "¿Por qué ver una película de un barco que sabes que va a chocar con un iceberg y hundirse?".

Fuiste a ver la película y ya sabías el final.

Peor aún, ¡la viste varias veces!

Nadie fue a ver la película pensando que el barco se salvaría.

Todos sabíamos que esta película trataba sobre un barco que chocaba con un iceberg y se hundía. Sin embargo, la gente acudía una y otra vez a verla.

¿Por qué?

¿Porque fue una historia de amor? No.

¿Porque fue una película histórica de un barco? No.

¿Porque tuvo los mejores efectos especiales? No.

¿Por Leonardo DiCaprio y Kate Winslet? Tampoco.

La razón por la que *Titanic* fue tan exitosa (en mi opinión), es porque fue una historia de libertad.

La libertad de Rose.

La historia de amor, la historia del barco, inclusive la talla de actores como lo son Leonardo y Kate, fueron solo la excusa para contarte una historia que conecta directamente con tu corazón.

Titanic se trata de Rose, su protagonista. Ella es una muchacha destinada a casarse con un hombre impuesto por su familia para preservar las conexiones y el estatus financiero.

Rose era presa de un futuro que no quería, un matrimonio que no deseaba y estaba atada a una vida que nunca había soñado.

En el barco aparece Jack, y él le enseña que lo hermoso de la vida está en las cosas pequeñas. Le enseña que, a pesar de los lujos y el estatus que tiene, ella no está viviendo la vida al máximo.

Y lo más importante: que ella puede decidir vivir la vida en sus propios términos. Jack le enseña el camino de la libertad.

Al final de la película, cuando uno no sabe si Rose duerme o muere, la cámara hace un paneo y muestra varias fotos de cosas que ella hizo después del accidente: volar en un avión, montar a caballo, graduarse de la universidad, y te das cuenta de que vivió una vida en sus términos, y logró su libertad.

Titanic es una historia sobre cómo una persona sin libertad logra abrir los ojos y alcanzar lo que tanto sueña. Una persona que decide vivir una vida al máximo.

Por esa razón todos sentimos una conexión con la película. Nosotros buscamos libertad.

Sentimos una conexión con la libertad. Soñamos con ella. Y, probablemente, la razón por la que quieres ser emprendedor(a), o ya lo eres, es porque sueñas con esta misma libertad.

www.emprendedorgrowthmodel.com

De manera que cuando ves películas que se conectan con este deseo tuyo es porque internamente anhelas tener una vida con libertad, bajo tus términos y no los de alguien más.

Quieres vivir la vida al máximo.

Volviendo a Joseph Campbell

En medio de toda esta búsqueda, fue que encontré a Joseph Campbell, un filósofo y escritor que estudió cientos de religiones, mitos y creencias de tribus, hasta llegar a lo que él llamaba el "Monomito".

El "Monomito" significaba lo siguiente: todas las historias tienen la misma estructura, simplemente están contadas con diferentes personajes.

En su estudio, Joseph Campbell logró descifrar esa estructura común para todos. La llamó: "La jornada del héroe" y la explicó con detalle en su libro *El héroe de las mil caras*.

Este libro pasó a ser casi una "biblia" en el mundo de Hollywood. Se podría afirmar que casi toda película pasa por el filtro de *La jornada del héroe* de Joseph Campbell.

Lo importante de *La jornada del héroe* es lo siguiente: si es utilizada por directores y escritores para crear historias y películas inspiradoras, podemos aplicar la misma estructura en nuestra vida para crear una vida inspiradora.

Una vida que valga la pena vivir y contar.

La jornada del héroe

Toda gran historia pasa por los siguientes siete pasos:

Un mundo ordinario

Es el punto de partida. Toda gran historia nace de aquí.

El mundo ordinario es el mundo conocido por el héroe de la historia. No hay riesgos.

En este mundo estamos a gusto. Sabemos cómo movernos. Conocemos la rutina.

Este mundo es "el de los días comunes", como lo llama Joseph Campbell. Yo lo llamo el mundo de lo mismo: mismas reuniones con los mismos amigos, mismos chistes, mismas rutas al trabajo, misma comida, etc.

Es cómodo, tranquilo, seguro y predecible...

Pero ahoga el alma.

QUINTA PARTE: **TU GRAN HISTORIA** | CAPÍTULO 19

El alma no está diseñada para vivir en un mundo ordinario. Ella se nutre de la aventura y del riesgo.

Por eso hay tantas personas que llegan a tener éxito, dinero, grandes cosas y después se aburren. Se deprimen. En muchos casos pierden el deseo de seguir viviendo porque perdieron la aventura de la vida. Perdieron los retos, los riesgos, la oportunidad de fracasar y volverse a levantar.

Desde pequeños aprendemos a vivir en ese mundo predecible. Empezamos a darnos cuenta de las cosas que no debemos hacer: tocamos la estufa caliente y nos quemamos, por lo tanto, aprendemos que no debemos tocar el fuego. Le metemos una llave a un tomacorriente (como lo hice una vez), y entonces aprendemos que no podemos volver a hacer eso.

Empezamos a crear esos límites desde pequeños. Aprendemos que algunos lugares son peligrosos, que hay cosas que nos hacen daño. Comprendemos que si nos caemos desde una altura considerable nos va a doler.

No obstante, con el tiempo empezamos a crear un mundo de muros, un mundo seguro, un mundo donde podemos asegurar que nos irá bien y que tendremos "éxito".

Decidimos que es mejor pasar la fiesta solo y sentado que tomar el riesgo de preguntarle a la persona que nos gusta si quiere bailar con nosotros. Preferimos no intentar un negocio por el riesgo a fracasar o a la humillación frente a otros. Así que decidimos quedarnos en nuestros trabajos de rutina porque son "seguros".

Ese mundo lleno de muros deja de ser un lugar seguro y se convierte en nuestra propia cárcel. Todas esas previsiones que nos protegían de jóvenes se convierten en muros que no nos permiten salir a explorar.

Sin embargo, todos tenemos un llamado a la aventura.

Un llamado a la aventura

Tu llamado a la aventura no es algo de lo que tengo que convencerte, es algo que ya sabes que está en tu corazón.

La razón por la que deseas emprender es porque tienes ese llamado. Existe algo dentro de ti que te dice que hay algo más, algo que sabes que tienes que hacer y *no estás haciendo* o, que estás haciendo, pero necesitas hacer más.

Es aquello que te llama a comenzar tu negocio, o a aprender un instrumento musical, o a aprender a bailar, o a hacer yoga, o a meditar, etc.

Hay algo dentro de ti que te dice: "existe algo más que debes hacer en tu vida". Ese es el llamado a la aventura.

Ese llamado te invita a salir del mundo ordinario y comenzar una nueva aventura.

La negación de tu llamado

Si todos tenemos un llamado a la aventura, ¿por qué somos tan pocos los que damos el paso y decidimos seguir a nuestro corazón?

Porque, después del llamado a la aventura, te enfrentas a la negación de tu llamado. Todo héroe niega su llamado.

Rocky no quiere volver al cuadrilátero, Bilbo, en *El Hobbit*, no quiere dejar la comarca, y Maximus, en *El Gladiador*, no quiere pelear.

¿Por qué negamos nuestro llamado? ¿Por qué el héroe niega su llamado?

Por miedo.

El miedo es la fuerza que nos frena y nos invita a regresar al mundo ordinario.

De hecho, el miedo es lo que nos mantiene atados al mundo ordinario.

¿Qué es el miedo?

El miedo es una emoción. Es algo negativo que no ha pasado todavía.

¿Qué son los sueños?

Son cosas positivas que no han pasado todavía.

Podemos decir que el miedo y los sueños son lo mismo, pero en direcciones contrarias.

Sin embargo, sí hay cosas positivas que nos trae el miedo.

En primer lugar, el miedo nos da la oportunidad de ser valientes. La única manera de que haya valentía es si primero hubo temor. Los valientes no son personas que no sienten miedo, sino personas que, a pesar del miedo, dan el paso.

Para que haya valentía necesita haber miedo, ya que ambos necesitan coexistir.

En segundo lugar, el miedo te fuerza para ser mejor. El miedo al fracaso, si es manejado correctamente, te reta a ser mejor cada día. Te invita a la búsqueda de la excelencia. Te lleva por un proceso concienzudo de búsqueda de los posibles escenarios negativos, y te permite prepararte con planes de acción alternativos en caso de que las cosas no salgan como esperabas.

En tercer lugar, el miedo te hace humano. Si tienes miedo en tu emprendimiento, es normal.

Quiero que sepas algo: yo también tengo miedo.

Debemos entender que el miedo es nuestro amigo si se encuentra a nuestro lado, pero es nuestro enemigo si se encuentra en frente de nosotros deteniendo nuestro deseo de movernos hacia adelante.

Necesitamos aprender a manejar el miedo, he aquí unos consejos:

Mi primer consejo es desarrollar un círculo íntimo de personas positivas y emprendedoras.

En la vida te vas a convertir en el promedio de las cinco personas que tengas a tu alrededor. Por eso es importante que, si quieres llegar a ser un emprendedor exitoso, te rodees de otros emprendedores.

Necesitas rodearte de personas que estén desarrollando un proyecto y buscando salir adelante por sí mismas. Personas que quieran crecer y cambiar.

No pases demasiado tiempo con personas que no tengan esa visión y que prefieran quedarse en "su mundo ordinario". Siempre van a tratar de desanimarte —no con mala intención, pues muchos de ellos te aman y sienten que te deben proteger—, pero en esa tarea "protectora", paradójicamente, te frenarán.

En vez de darte valor y ánimo, te dirán: "¡Cuidado! Mira todo lo malo que te puede pasar; mejor quédate aquí, con nosotros, bien tranquilo".

Debes buscar un círculo íntimo de personas que te inspiren. Que estén en el mismo camino emprendedor y, mejor aún, que tengan más éxito que tú. De esta manera podrás aprender y recibir consejo e inspiración de ellas.

www.emprendedorgrowthmodel.com

El segundo consejo es visualizar tus sueños y metas. Mientras más piensas en ellas, mayor es la fuerza que les das.

Imagina que en tu mente existiera un perro bueno y uno malo: el perro de tus sueños y el perro del miedo.

¿Cuál de los dos perros ganará? El que más alimentes.

Mientras más le des de comer al perro bueno, más fuerza tendrá para dominar al malo. Si alimentas más al perro del miedo, este dominará al perro de los sueños.

Un tercer consejo es hacerse la siguiente pregunta: "¿Qué pasaría si funciona?". Esta pregunta lleva a mi mente a pensar en la posibilidad. ¿Qué pasaría si mi idea de negocio es un éxito? ¿Qué pasaría si logro que mi negocio alcance la facturación de 1 millón de USD? ¿Qué pasa si contacto a esta gran compañía y deciden que sí quieren comprar mi producto o servicio?

Luego me hago las siguientes preguntas: "¿Qué habría pasado si mi negocio sí hubiera resultado un éxito total, pero decidí no intentarlo? ¿Qué habría pasado si esta gran compañía hubiera contratado mis servicios, pero por miedo nunca los llamé?".

Esta pregunta me lleva del miedo al fracaso, del miedo al arrepentimiento.

El dolor del fracaso puede perdurar tan solo unos días, una semana, un mes o un año. El dolor del arrepentimiento dura toda la vida.

Por eso prefiero intentar y fracasar que arrepentirme por no intentar.

La otra pregunta que me hago es la siguiente: "¿Qué pasaría si no funciona?". Así como la primera pregunta me lleva a la posibilidad, esta pregunta me lleva a planes alternativos, me lleva a la protección, me aterriza como emprendedor.

El objetivo de esta pregunta no es entrar en pánico ni acrecentar el miedo. Por el contrario, la idea es plantearse los planes alternativos B, C y D en caso de que las cosas no salgan como pensábamos.

Todo gran emprendedor, aspecto que enseñamos en este libro, tiene planes B, C y D (y más de ser necesario). Esta pregunta te permite reflexionar en este punto y crear un plan robusto.

Y el último consejo que quiero darte y que utilizo para controlar el miedo es dividir los proyectos (mi idea de negocio en este caso) en tareas pequeñas.

A todos nos causa temor enfrentar un proyecto cuando es demasiado grande, pero, al dividirlo en tareas pequeñas, se hace mucho más masticable.

Tareas pequeñas crean miedos pequeños y, al ejecutar cada una poco a poco, te darás cuenta de que ya estás sumergido en un gran proyecto, que construiste un pasito a la vez.

Muchas veces el miedo te indica a dónde tienes que ir. No huyas de él. Aprende a controlarlo y a utilizarlo como guía para que tengas una vida estimulante, sin arrepentimientos, plena de triunfos (y fracasos), aprendizaje y sabiduría; pero, por sobre todo, llena de aventura.

El incidente inductor

El incidente inductor es el paso que te impulsa hacia la puerta sin retorno: te obliga a entrar en una gran historia.

El incidente inductor es el momento en el que compraste el anillo de compromiso porque decidiste dar el "sí", o cuando resolviste firmar el documento con tu socio para comenzar un nuevo negocio, o cuando hiciste la llamada al profesor de música para comenzar las clases de guitarra. Fue el momento cuando decidiste tomar acción.

www.emprendedorgrowthmodel.com

El incidente inductor es la acción tomada que no permite desandar el camino. Es la puerta a la aventura.

Volviendo a Donald Miller y su historia, me contó cómo él mismo creó un incidente inductor que transformaría su vida para siempre.

Su padre lo abandonó cuando era muy joven. Al ser ya adulto, logró conseguir la ubicación de su padre y decidió ir a verlo (digamos que conocerlo, por la gran cantidad de años sin contacto).

Donald intentó varias veces visitarlo, pero, al ser preso del miedo, se alejó cada vez más del deseo de reconectar con su papá.

Finalmente, tomó la gran decisión de hacer el viaje para acercarse a la residencia de su padre. "Este es el momento en el que lo voy a visitar y hablar con él, pase lo que pase" —se dijo a sí mismo.

No obstante, el temor se apoderó nuevamente de él y lo obligó a postergar el gran momento de ver a su padre, una vez más.

Esa indecisión constante lo llevó al desaliento y a la decepción de sí mismo.

Pero solo por un momento.

Donald decidió crear su incidente inductor. Decidió cruzar la puerta de no retorno y comenzar su aventura.

Le envió un mensaje de texto a sus amigos más cercanos en el que anunció: "Les tengo una gran noticia: mañana conoceré a mi padre".

Ya Donald no tenía alternativa. Debía ir a visitar a su padre. Respecto a esto, decía: "No tengo alternativa de volver a casa porque todos preguntarán '¿Qué tal? Cuéntanos cómo es tu papá, ¿cómo estuvo todo? ¡Queremos saber!'".

Así fue cómo manejó por varias horas a Indiana, tocó la puerta, y recomenzó a construir una relación rota.

Una de las habilidades de una persona de éxito es la capacidad de autogenerar el incidente inductor: decide comprometerse en público, platica a un amigo y le cuenta lo que ha decidido hacer, le paga dinero a alguien que lo fuerce a moverse hacia delante (pagarle a un entrenador de gimnasio, por ejemplo), etc.

Este es el proceso por medio del cual el emprendedor se fuerza a sí mismo a involucrarse en una gran historia.

El incidente inductor es el único que te dará entrada a una historia inspiradora, es el único que te permitirá intentar un proyecto que valga la pena construir y una vida emocionante y digna de contar.

Permíteme aclarar algo: el incidente inductor es la puerta a la gran historia, no es el clímax de la gran historia. Muchas veces lo confundimos.

Por ejemplo, cuando el joven se arrodilla y se compromete con su amada, todos aplaudimos y celebramos. Cuando unos socios deciden abrir un restaurante nuevo, todos vamos a celebrar la inauguración. Cuando una pareja se casa, vamos a la boda y celebramos ese evento.

Y, a veces, creemos que la celebración es el clímax de la historia, cuando es solo la puerta a algo que te cambiará para siempre.

El conflicto

Imagina que cuando estabas viendo la película *Titanic* pasara algo inesperado: el barco logra esquivar el iceberg.

¿Qué pasaría si el barco llegara a tierra firme y todos se salvaran?

www.emprendedorgrowthmodel.com

Ahora imagina que vas a ver la última película de Superman. La gran diferencia es que en este caso no hay villano. Así que Superman pasa toda la película volando por el mundo sin nada que resolver.

¡Qué película tan aburrida!

Nadie iría a ver esta película. No hay conflicto que el héroe tenga que superar.

La definición más básica de una historia es la siguiente: un héroe (usted) que quiere algo y está dispuesto a atravesar el conflicto para conseguirlo.

Aquí comienza uno de los grandes problemas con nuestro emprendimiento (y la vida en general). En primer lugar, no creemos que seamos el héroe de nuestra historia (creemos que somos un personaje secundario que entró en la película 15 minutos tarde). En segundo lugar, muchos no saben lo que quieren (confiamos en que el proceso que atravesaste en este libro te ayudó a definir claramente tu MEGA) y, en tercer lugar, no comprenden el rol del conflicto en una historia.

Toda historia necesita de un gran conflicto. Es más, tu historia va a ser tan inspiradora como el nivel de conflicto al que estés dispuesto(a) a superar.

Una historia con poco conflicto que superar, probablemente es una historia superficial y aburrida.

Una historia con un gran conflicto que superar, es una historia inspiradora y profunda.

Cada vez que enfrento un problema en mi empresa, trato de recordar este concepto. Me digo: "Victor Hugo, estás creando algo grande. Grandes proyectos enfrentan grandes conflictos".

Lo que normalmente nos sucede como emprendedores es que, cuando nos encontramos con un conflicto, en lugar de enfrentarlo como el héroe de una gran historia, nos hacemos un sinfín de preguntas del tipo: "¿Por qué me pasa esto a mí?", "¿por qué tengo mala suerte?", "¿por qué siempre me sucede a mí y nunca a los demás?".

Cuando no vemos que el conflicto es una parte esencial en nuestra gran historia, no lo enfrentamos ni lo superamos con la perspectiva correcta. Es menester ver el conflicto con otros ojos, como esa parte de la historia que es obligatoria y que nos hace vivir una vida inspiradora.

De hecho, el conflicto tiene una belleza escondida frente a nuestros ojos, pero con el tiempo aprendemos que nos transforma la vida.

En primer lugar, el conflicto te ayuda a apreciar la vida. Te enseña a valorar las cosas pequeñas que terminan siendo las más importantes, pero que pasas por alto constantemente.

Por 12 años viví en la ciudad de Cincinnati en los Estados Unidos. Esta ciudad tiene un invierno que yo llamo "infernal". Es un período de cinco a seis meses de frío y cielos grises donde casi nunca ves el sol. Todo es helado y gris por una gran parte del año.

Cuando me mudé a Florida, volví a vivir los cielos azules, una temperatura casi perfecta y la playa.

Me sentía feliz.

Recuerdo que salía a la calle todos los días contento por el clima y el cielo azul. Pero me di cuenta de algo interesante.

Muchos de mis amigos y compañeros de trabajo, que vivían en Florida desde hacía mucho tiempo, no manifestaban la misma felicidad.

Para ellos era normal. Era como cualquier otro día.

www.emprendedorgrowthmodel.com

El dolor del invierno me había regalado la felicidad del verano. Mis amigos no podían disfrutar el día como yo lo hacía, por la falta de conflicto.

¿Qué te quiero decir con esto? Los golpes de la vida, las caídas y los conflictos, te ayudan a apreciar las cosas más valiosas a las que no le has puesto atención y has dado por sentado.

Una enfermedad te ayuda a apreciar la salud.

Un problema financiero te ayuda a apreciar la paz.

La soledad te ayuda a apreciar la compañía y el amor.

El conflicto nos ayuda a apreciar a nuestros hijos, a recibir un abrazo de tu familia, a tomar un buen café, a sentarte a ver un paisaje o un amanecer.

Esas cosas que en el momento son oscuras, tristes y dolorosas, nos devuelven lo más hermoso de la vida que es lo básico de ella. Nos muestran lo que siempre tuvimos frente a nuestros ojos.

El conflicto remueve esa neblina y te permite ver lo hermoso que tienes frente a ti.

En segundo lugar, el conflicto te permite conectar con otros seres humanos por medio del dolor.

Los seres humanos no conectamos a través del éxito, sino a través del dolor.

Nosotros podemos admirar a alguien por sus éxitos, pero la conexión humana, hermosa, esa que crea lazos inseparables, nace en momentos de conflicto.

Hace poco menos de diez años fui a una conferencia en Columbus (Ohio,

Estados Unidos), que me mostró algo que cambió mi forma de ver la vida.

Rob Bell, el conferencista, hizo la siguiente solicitud frente a un auditorio de más de 2000 personas: "Quiero que por favor se pongan de pie los que vinieron a esta conferencia en su propio vehículo".

Nos levantamos un 70% de las personas en el salón.

Rob dijo: "Mírense a los ojos". (Admito que esto me pareció extraño y bastante irrelevante, pero de igual forma miré a los ojos de quienes se habían puesto de pie a mi alrededor).

Luego de sentarnos hizo una segunda solicitud: "Ahora quiero que se pongan de pie todas las personas que han sido impactadas por el cáncer. Bien sea que tienen o tuvieron cáncer, o alguien cercano lo tuvo".

Se puso de pie un 40% del salón.

Nos indicó nuevamente que nos miráramos los unos a los otros pero ahora todo era diferente.

Cuando miré a la persona que tenía a mi lado hubo una conexión que llamaré "espiritual". Sin decir palabras fue como si ya nos conociéramos.

Fue como si al mismo tiempo nos dijéramos: "Sé por lo que has pasado".

El dolor nos había unido.

Algo tan horrible como el cáncer había conectado instantáneamente a dos completos extraños.

Imagina este escenario: dos madres, una que vive en la zona más pudiente de la ciudad y que maneja un BMW, y la otra madre que vive en un barrio pobre y usa transporte público, van a visitar a sus respectivos hijos a la cárcel. Ambos hijos fueron apresados por un problema de tráfico de drogas.

Estas dos madres no tienen barreras entre ellas. Ambas tienen algo muy poderoso en común: un hijo preso.

Igual sucede cuando dos personas pasaron por una bancarrota, o un divorcio, o la pérdida de un ser querido.

El dolor nos une.

No hay color, ni raza, ni dinero, ni idioma, ni punto geográfico que pueda crear una barrera que el dolor no pueda derrumbar.

El conflicto tiene un tercer beneficio: nos permite inspirar a otros a través de nuestra historia.

La gente es inspirada con historias de conflicto, de golpes, de caídas y de volverse a levantar. Cuando recibes un golpe en la vida, escribes una historia que va a inspirar a otros.

Alguien que salió de un divorcio y logró rehacer su vida, es la persona indicada para inspirar a una pareja o a un joven que acaba de pasar por una ruptura matrimonial y siente que su vida no tiene sentido. Alguien que pasó por un cáncer, y logró sanarse, es la mejor persona que puede ayudar a otras que acaban de ser diagnosticadas.

Alguien que se declaró en bancarrota y logró recuperarse, es la persona indicada para ayudar a otra que siente que no tiene futuro en el área financiera.

Eso es lo que hace el conflicto en tu vida y en la mía: nos vuelve personas inspiradoras.

Una gran amiga pasó por algo muy duro: perdió a su hijo a una semana de dar a luz. Perder un hijo durante el embarazo es sumamente traumático, imagina que suceda a una semana de dar a luz.

Su proceso de recuperación y vuelta a una vida normal fue muy duro y lento. Hasta el día de hoy, llora cuando recuerda la experiencia.

Hace un par de años, su médico la llamó para contarle que otra paciente suya había perdido a su bebé días antes del parto.

Le preguntó si podría hablar con ella.

Mi amiga, después de batallar internamente al no querer recordar la experiencia otra vez, aceptó llamarla.

Me contó que se sintió como si tuviera un poder sanador. En segundos pudo llegar al fondo del corazón de esta otra mujer. Pudo ayudarla, llorar con ella y mostrarle que había esperanza.

Ese día entendió que la vida le había dado una nueva misión: ser de esperanza para otras mujeres que habían pasado por lo mismo.

Finalmente, el conflicto nos da otro regalo: nos ayuda a construir nuestro carácter y prepararnos para el éxito.

Nunca he escuchado a alguien decir algo así: "El momento en mi vida que más me impactó, y que me hizo ser la persona que hoy soy, fue cuando estuve en un jacuzzi en Hawái, con una piña colada en la mano".

De la misma manera que el músculo se crece con ejercicio y sacrificio, nuestro carácter se crea en los momentos difíciles.

Los grandes escaladores, antes de comenzar a subir el Everest, necesitan llegar a lo que se llama "campamento base avanzado" y permanecer en ese lugar por varias semanas.

El campamento base avanzado es básicamente un infierno en la montaña. Las personas no pueden dormir bien, se les dificulta comer mucho (si lo hacen, vomitan), tienen dolor de cabeza constante, están cansados todo el tiempo y tienen un frío terrible.

¿Por qué deciden pasar semanas allí? Porque, si no permanecen en este lugar, su cuerpo no se preparará para enfrentar la escalada hacia la cima.

Durante este tiempo su cuerpo se aclimata: básicamente comienzan a multiplicarse los glóbulos rojos en la sangre y, en consecuencia, pueden mantener mayores niveles de oxígeno en la sangre.

Esto es fundamental cuando vas a escalar una montaña ya que los niveles de oxígeno disminuyen a medida que te acercas a la cima.

El conflicto del campamento base avanzado les da lo necesario para poder hacer la cumbre y volver a casa.

El conflicto construye tu carácter. Permite prepararte para el éxito sostenido. No queremos ser de esos que, al llegarle el éxito rápido, terminan peor que antes por su falta de preparación.

Espero haberte dado una nueva perspectiva sobre el rol del conflicto en tu vida y tu negocio, y que, de ahora en adelante, cuando estés teniendo problemas como emprendedor, cuando las cosas no salgan como quieres, recuerdes que la pregunta no es: "¿Por qué me pasa esto a mí?".

La pregunta es: "¿Qué gran historia estoy creando que va a inspirar a otros?, ¿cuánto está creciendo mi carácter?, ¿cómo puedo utilizar esta situación para conectar con otras personas?, ¿qué voy a sacar de todo esto?, ¿para qué está pasando esto en mi vida?".

Pero, como dice la canción: "No hay mal que dure cien años...".

La resurrección

En los procesos de conflicto más duros de nuestra vida existen momentos donde creemos que no podemos dar más.

Si alguna vez has corrido un maratón, habrás escuchado este fenómeno llamado "la pared".

"La pared" ocurre en el último tercio de un maratón. Los niveles de energía se han acabado. El músculo utilizó todo lo que tenía. Ya no hay nada más.

Los corredores afirman que, cuando llegan a la pared, sienten como si en cada pierna tuvieran un costal de 40 kilos. Dar un solo paso se hace inmensamente difícil.

Este es el momento en que la mayoría renuncia.

Sin embargo, los corredores más experimentados se enfocan en dar un paso más. Deciden no pensar en todo lo que les falta todavía, sino tan solo en el siguiente paso.

Y dan un paso, y luego otro, y otro.

Y llega el "segundo aire": un fenómeno altamente estudiado donde el cuerpo comienza a obtener energía de las grasas y les permite terminar la carrera.

Los que superan la pared pasan a esta etapa donde hay una nueva fuente de energía que los levanta y los lleva a alcanzar su meta.

Esta es una analogía muy parecida a la vida del emprendedor.

www.emprendedorgrowthmodel.com

Habrá momentos de mucha oscuridad donde muchas cosas salen mal. Pero, si te enfocas en seguir dando un paso tras otro, llegará el momento en el que recibirás tu segundo aire.

La victoria

Si persistes lo suficiente y aprendes de tus errores, llegará inevitablemente el momento en que lograrás eso tan anhelado: un negocio exitoso.

Pero ¿qué es un negocio exitoso sin un propósito noble? Una victoria superficial.

Más allá de un negocio exitoso, te invito a construir un negocio con significado. Ahí es donde se encuentra la verdadera victoria.

Tu negocio y tu vida deben buscar llevar a la humanidad hacia el progreso, hacia el bienestar común, hacia un mejor lugar.

Ese es el rol del verdadero emprendedor.

La gran victoria se da no tan solo en lo que lograste, sino en lo que te convertiste en el camino. Por eso el éxito no es un destino. Como dice mi amigo y mentor Andrés Panasiuk: "No se llega al éxito, se vive exitosamente".

La vuelta al mundo ordinario

Por último y no menos importante, todo héroe vuelve otra vez al mundo ordinario. Y debes tener cuidado.

En el año 2002 decidí escalar el pico más alto de Venezuela: el Pico Bolívar. Fueron cinco días en la montaña, cinco días difíciles.

Sentí dolor de cabeza constante, ganas de vomitar, no dormía bien por el dolor de cabeza y el frío.

Estaba sumamente cansado.

Aunque las vistas eran espectaculares, soñaba con llegar de vuelta a mi casa, acostarme en mi cama, sentir mi cobija, bañarme con agua caliente y disfrutar de una comida casera.

Terminé el viaje y finalmente llegué a mi casa.

Disfrutar de mi hogar fue lo más espectacular del mundo.

Pero, con el transcurrir de los días, mi fantástica cama pasó a ser una simple cama, la comida hecha en casa fue nuevamente lo mismo, la ducha caliente era solo una ducha.

Todo volvió a la normalidad.

Estaba otra vez en el mundo ordinario.

Ya no estaba viviendo una aventura más.

Uno de los errores más comunes luego de haber atravesado la jornada del héroe, de haber vivido una aventura, es enamorarnos nuevamente del mundo ordinario.

El emprendedor necesita lanzarse a una nueva aventura.

¿Qué estás logrando hoy?, ¿qué estás creando hoy?, ¿qué nueva aventura tienes entre manos?

Un día, tu vida pasará frente a tus ojos. Asegúrate de que valga la pena mirar.

www.emprendedorgrowthmodel.com

CAPÍTULO 20:
¿Cuál juego estás jugando?

Muchos vemos la vida como un juego: competencia, reglas, tiempos, ganadores y perdedores, trampas, justicia e injusticia, etc.

Tienes un sueño y sales cada día a competir por él en el mercado. Algunos días ganas y otros pierdes.

Llega el día. Tras ser lo suficientemente persistente, logras tu sueño.

Y se acabó el juego.

Y comienzas otro juego nuevo.

Los juegos finitos e infinitos

En la vida existen dos tipos de juegos:

Juegos finitos

Son los juegos que estamos acostumbrados a ver y jugar. Estos juegos tienen principio y fin, reglas establecidas, tiempos y un ganador y un perdedor.

Ejemplos de estos juegos son el béisbol, el futbol, las olimpíadas, etc. Todos estos juegos tienen una serie de reglas, un tiempo limitado, son regulados por un ente oficial y, al final del partido, tenemos un ganador y un perdedor.

Nadie puede llegar al final de un partido de fútbol, donde un equipo le metió dos goles al contrario, y decir: "Juguemos 30 minutos más y de seguro igualamos". Las reglas son las reglas y punto.

En la vida también hay otros juegos finitos. Por ejemplo, graduarse de una carrera universitaria. Si deseas ser ingeniero necesitas ir a la universidad. Debes aprobar todas las materias y, al final de los cinco años, si cumples con todos los requisitos te dan el título de ingeniero.

La característica principal de los juegos finitos es que hay un fin y, al llegar a este, ganas o pierdes.

Solo hay dos opciones: te gradúas de ingeniero o renuncias a la universidad (perdiste). Ganas la lotería o desperdicias el dinero. Ganas el contrato o no. Te ofrecen el trabajo o se lo dan a alguien más.

Muchos pasamos la vida pensando que los juegos finitos son el único tipo de juego que hay en la vida.

Sin embargo, hay otro tipo de juego: los juegos infinitos.

Juegos infinitos

Los juegos infinitos son un tanto distintos. En primer lugar, no tienen fin. Tampoco tienen reglas, ni tiempos (porque son infinitos), y lo más interesante: no tienen ganadores ni perdedores.

El objetivo principal de los juegos infinitos es participar del juego y poder seguir jugando.

www.emprendedorgrowthmodel.com

Digamos que estás jugando a tirarle la pelota a tu hijo de cinco años. ¿Es tu objetivo tirarle la pelota con toda tu fuerza para "ganarle" o es tu objetivo disfrutar el momento, enseñarle el deporte, y jugar lo más que se pueda?

Supongamos que luego de jugar pelota con tu hijo lo llevas a comer a su lugar favorito. ¿Es tu objetivo ganarle comiendo más hamburguesas que él y mostrarle como tú puedes comerte toda tu comida en un tercio del tiempo que le toma a él? ¿O es tu objetivo disfrutar el momento al máximo?

Imagina que vas con tus compañeros del trabajo a cenar, la estás pasando muy bien (estás jugando el juego infinito) y, de repente, te das cuenta de que uno de tus compañeros interrumpe a los demás de manera constante ya que siempre tiene algo mejor que decir.

—El otro día tuve la oportunidad de ir a un crucero muy bonito —alguien comenta.

A lo que tu amigo responde: "Bueno yo tuve la oportunidad de ir al crucero más grande del mundo".

Otro de tus compañeros dice que está muy entusiasmado en sus clases de tenis, y este mismo amigo le dice: "Mi entrenador es el mismo que entrenó a Roger Federer".

...y así pasa toda la noche...

¿No te has encontrado con este tipo de individuo? Él o ella siempre necesitan ganar cualquier conversación o argumento. Siempre compran la casa más grande al precio más barato, tienen el mejor carro, van a las mejores vacaciones, saben más que todo el mundo, etc.

Están jugando un juego finito.

Por eso, con el tiempo, ya no quieres invitar a este individuo a otra reunión social.

Mientras dos personas están jugando un juego finito, hay balance. Mientras dos personas están jugando un juego infinito, hay balance.

El problema ocurre cuando una persona está jugando un juego infinito y la otra un juego finito.

Ahí es donde ocurre el desbalance.

Si dos personas están compitiendo por un trofeo, hay balance. De hecho, si nosotros pagamos cientos de dólares por ver un juego de pelota en vivo, esperamos que ambas partes entiendan que tienen que competir y dar lo mejor de sí.

Sin embargo, ¿qué pasa cuando un empresario está jugando un juego finito y su cliente un juego infinito? ¿Qué pasa cuando en una relación de pareja uno de los dos está jugando un juego finito (necesita ganar) y la otra está jugando un juego infinito (el objetivo no es ganar ni perder, sino estar juntos y disfrutar la vida al máximo)?

¿Qué pasa cuando un vendedor está jugando un juego finito (necesito vender este producto a toda costa porque vender = ganar) y su cliente está jugando un juego infinito?

¿Qué pasa cuando un amigo o amiga está jugando un juego infinito (aprecio tu amistad y me encanta compartir contigo) y el otro está jugando un juego finito (qué puedo sacar de esta relación)?

Lo que quiero dejarte es lo siguiente: siempre mira tu negocio como un juego infinito.

Aquí te dejo unos ejemplos:

Área	Juego Finito	Juego Infinito
Negocios	Voy a hacer esa venta cueste lo que cueste. Necesito llegar a la meta de ventas y ganarme el bono.	Solo haré la venta si estoy convencido de que mi producto beneficiará a mi cliente. De no ser así, lo guiaré a otra solución así pierda la venta.
Relaciones	Necesito conectar con X personas para que me abran las puertas en Y proyecto.	¿Cómo puedo darle valor a X y construir una relación que sea mutuamente beneficiosa?
Salud	Voy a hacer una dieta intensiva para que en cuatro semanas esté listo(a) para la ida a la playa.	Necesito crear un estilo de alimentación sana y sostenible que me lleve a tener vitalidad a largo plazo.
Finanzas	Voy a comprar este BMW a crédito para demostrar a las personas que soy exitoso.	Voy a seguir mi plan financiero así implique sacrificios para asegurar tener paz financiera a largo plazo.
Intelectual	Voy a hacer un postgrado para obtener un título y sentirme superior a los que no lo tienen.	Voy a hacer un postgrado porque me apasiona el tema y quiero aprender cada día más.
Redes Sociales	¿Cómo hago para tener la mayor cantidad de "me gusta"?	¿Cómo le puedo agregar valor a mis seguidores?
Negociación	Gana lo que más puedas y que el otro pierda la mayor cantidad posible.	¿Cómo llego a una negociación que beneficie a ambos y desarrolle una relación fructífera a largo plazo?

La vida debe vivirse como un juego infinito. El objetivo de la vida no es ganarles a otros sino continuar viviéndola al máximo.

En nuestra vida siempre entraremos y saldremos de juegos finitos. No hay manera de evitarlos. Si quieres un título universitario, necesitas participar del juego. Si quieres participar en las olimpíadas, debes jugar el juego finito.

Sin embargo, cada participación en un juego finito debe estar sostenida en un juego infinito superior. Cada juego finito que juguemos necesita tener un propósito para mantenernos en el juego infinito de la vida.

Por eso le damos tanta importancia al proceso de definición de propósito de EGM™. Nosotros queremos emprendedores que jueguen el juego infinito, emprendedores con propósito.

Conclusión

Esta semana recibí una noticia que me hizo borrar todo lo que había escrito como conclusión y comenzar desde cero.

Luis Teijón, uno de mis primeros estudiantes que comenzó conmigo tres años atrás, me estaba diciendo que acababa de cerrar un contrato con uno de sus clientes por más de un millón de dólares.

Recuerdo cuando Luis estaba empleado, y se había unido a mi programa Emprendedor University para aprender a ser emprendedor. Lo recuerdo en las reuniones de preguntas y respuestas, siempre aprovechándolas para traer sus inquietudes a la mesa.

Recuerdo su pasión. Recuerdo cuando dejó su empleo para dedicarse a tiempo completo en su negocio. Recuerdo cuando tuvo su primer hijo.

En el año 2021 lo invitamos a ser parte de EGM™ y le asignamos un coach. He vivido de cerca su vida, su progreso y su éxito.

¿Te imaginas el día que tengas un cliente que te haga un cheque por un millón de dólares? Lo que era un sueño, se convirtió en realidad para Luis.

¡No te imaginas la felicidad que sentí!

En ese momento, la cara de él, de su esposa y de su hijo se me vinieron a la mente.

Luis lo estaba logrando.

Ese día, Cesar y yo nos dimos cuenta de lo que de verdad queremos de todo este proyecto: que nos cuentes tu historia de éxito.

Como te dijimos en el primer capítulo del libro: nuestra motivación eres tú.

Cada trimestre reunimos a todo el equipo de EGM™ para revisar nuestro progreso y enfoque para el siguiente trimestre. En ese proceso de revisión trimestral siempre revisitamos nuestra MEGA.

Sí, al igual que tú, nosotros también tenemos una Meta Grande y Audaz.

Nuestra MEGA no está representada en ventas ni en utilidad. Nuestra MEGA está representada en el número de personas que ayudamos a llevar sus negocios a un mínimo de 100,000 USD de facturación.

Nuestro enfoque está en el éxito de nuestros estudiantes, no en que aprendan sobre emprendimiento, sino que emprendan con éxito.

Estamos convencidos que tu éxito terminará convirtiéndose en nuestro éxito.

Y te pedimos que hagas lo mismo.

El éxito de tu cliente se convertirá en tu éxito.

El emprendimiento es un llamado a servir.

El emprendimiento es un llamado a resolver grandes problemas, a crear y distribuir riqueza, a crear empleo, a darle oportunidades a otros... a llevar a la humanidad a un mejor lugar.

¡Adelante!

www.emprendedorgrowthmodel.com

Apéndice

¿Quieres ayuda personalizada?

A lo largo de este libro tanto Cesar Quintero como mi persona te hemos expresado nuestra pasión y propósito por empoderar a emprendedores en el mundo hispano.

Estamos convencidos de que los hispanos tenemos madera para emprender por nuestra energía, creatividad y trabajo duro. Sin embargo, el mundo hispano no ha contado con la instrucción necesaria para enseñar a las personas cómo emprender correctamente.

Por supuesto que existen casos de mucho éxito en cada país de Latinoamérica, Estados Unidos y España, pero, de forma general y masiva, no hemos educado a nuestra gente en cómo hacerlo correctamente.

Esa es la misión de EGM™: democratizar el emprendimiento hispano proveyendo un modelo comprobado para enseñar y llevar de la mano a cualquier persona que desee convertirse en un emprendedor.

Sin embargo, uno de los problemas que presentan muchos emprendedores es que no tienen el tiempo para ejecutar el proceso EGM™ con detalle. En consecuencia, lo pagan caro mucho más tarde cuando pequeños errores y vacíos se manifiestan.

Otros emprendedores, a pesar de tener el tiempo, han manifestado que necesitan una persona a su lado que tenga la experticia en el proceso y que los guíe paso a paso.

El emprendimiento es un camino solitario y, muchas veces, tener a un *coach* a tu lado te llevará a un nivel mucho más alto de rendimiento y resultados.

Por eso tenemos a tu disposición un grupo de **Coaches Certificados bajo el proceso EGM™.** Los mismos están ubicados en casi todos los países de Latinoamérica, Estados Unidos y España. Pueden trabajar contigo en persona (de estar en la misma región geográfica) o por videollamadas.

Tan convencidos estamos del impacto que estos coaches pueden ser para ti, que te ofrecemos una sesión gratuita para analizar tu negocio (o idea de negocio) y guiarte en tus siguientes pasos.

Por eso te recomendamos agendar una reunión gratuita con nuestra especialista en EGM™ para entender tu negocio y, de ser lo indicado, encontrar al mejor **Coach Certificado EGM™** para tu negocio.

https://emprendedorgrowthmodel.com/reunion/

Trabajar con un coach certificado EGM™ será tu herramienta más poderosa para alcanzar resultados extraordinarios.

Nuestros Coaches Certificados EGM™ serán tu mano derecha para lanzar tu negocio con éxito o acelerar el crecimiento de este en caso de que ya tengas tu propio emprendimiento.

www.emprendedorgrowthmodel.com

APENDICE: ¿QUIERES AYUDA PERSONALIZADA?

¿PARA QUIÉN ES EL COACHING DE NEGOCIOS EGM™?

Tenemos dos clientes específicos para los cuales hemos diseñado nuestros programas:

Nuevo emprendedor	Emprendedor que necesita acelerar el crecimiento de su negocio.
Este individuo tiene una idea de negocios o quiere convertirse en emprendedor, pero necesita una guía a través del proceso. **Nuestro Coach EGM™ Fundacional te llevará a:**	Este individuo ya tiene su propio negocio, pero necesita acelerar su crecimiento. **Nuestro Coach EGM™ Acelerador te llevará a:**
• Definir tu idea de negocio. • Clarifica tu cliente ideal, propuesta única de valor y punto diferenciador. • Crear un concepto de negocio exitoso. • Desarrollo de un Plan de Negocios robusto. • Probar tu idea para maximizar el éxito antes del lanzamiento. • Lanzar con éxito tu empresa. • Alinear tu idea de negocio con tu propósito y estilo de vida deseado.	• Crear un flujo constante de prospectos. • Desarrollar un plan de mercadeo robusto. • Aumentar la conversión y las ventas. • Tomar control de las finanzas de tu negocio. • Maximizar utilidad. • Desarrollar un plan de innovación y crecimiento.

Los objetivos de la reunión gratuita con nuestra especialista en EGM™ son los siguientes:

- Entender tu visión como emprendedor.

- Responder tus dudas sobre el modelo EGM™.

- Comprender tus retos principales en tu emprendimiento.

- Definir juntos tus principales objetivos de negocio.

- Conseguir el mejor coach certificado EGM™ que llene tus necesidades.

Si deseas más información de nuestros coaches y agendar tu sesión gratuita, por favor, visita **www.emprendedorgrowthmodel.com/reunion/**, escríbenos un correo a **coach@emprendedorgrowthmodel.com** o solicita tu reunión gratuita escaneando aquí:

https://emprendedorgrowthmodel.com/reunion/

Palabras de elogio a EGM™

A lo largo de nuestra experiencia con el modelo EGM™, podemos trabajar con la tranquilidad de que lo que le ofrecemos a nuestros clientes es un modelo exitoso. Eso lo comprueban muchos testimonios que son reales. En esto radica, para nosotros, el cumplimiento del propósito por el cual comenzamos esta visión: "Capacitar a los empresarios para que tengan éxito en todo lo que emprendan". Pero por sobre todo, estas historias de éxito involucran la participación de los *coachees* o entrenadores empresariales que llevan paso a paso a nuestros clientes en los procesos que son necesarios en su negocio para el crecimiento y desarrollo del mismo (desde el lanzamiento hasta la innovación o el mejoramiento de su producto o servicio, de las estrategias de promoción y técnicas de venta).

Incluimos aquí algunos testimonios:

"Fue a mediados del 2021 cuando me hablaron por primera vez del modelo EGM, no tenía idea de qué haríamos pero me sumé. Como por arte de magia, mi empresa de reclutamiento de profesionales de desarrollo de *software* dio un giro impresionante. Aumenté mi número de clientes en un 350% y la cantidad de proyectos en un 500%. Pasé de estar buscando clientes desesperadamente a no dar abasto con todos ellos.

En el 2020, justo en medio de la pandemia del coronavirus, me encontraba envuelto en mi rutina habitual: trabajando más de 10 horas diarias y procurando estar siempre ocupado en algo relacionado con mi negocio. Dicho así suena romántico y hasta inspirador, pero en realidad mis esfuerzos eran cien veces mayor que mis resultados. ¿Cómo es posible trabajar tanto y avanzar tan poco?

Quizás tenga que ver esto con la historia de dos leñadores que vivían de cortar árboles en las montañas. Uno de ellos trabajaba incansablemente, talando árboles sin apenas descansar. Pero al final del día no había cortado ni siquiera la mitad de los árboles que había cortado el otro leñador. El segundo leñador, paraba continuamente para descansar unos minutos y se sentaba bajo la sombra de un árbol. El primer leñador no comprendía cómo él, trabajando sin parar durante toda la jornada, cortaba menos árboles que el otro leñador.

El secreto estaba en que el segundo leñador, mientras descansaba ¡afilaba su hacha!... ¡Siguiendo los principios de EGM, me ayudaron a afilar mi hacha!".

Luis Teijón
Fundador de Teisoft LLC.

www.emprendedorgrowthmodel.com

"A mis 55 años, mis más sólidos logros han surgido luego de haber sido rechazado. Muchas de las puertas que consideraba importantes para mi emprendimiento se me cerraron. Quizás, con el pasar del tiempo he interiorizado que todas las malas experiencias me han dejado un regalito. Hoy, es mi Propósito.

En la primavera del 2020, la pandemia nos confrontó y obligó a un proceso involuntario de adaptación y cambio. Entonces, rápidamente entendí lo que requeriría para salir adelante. Nutrir el conocimiento, actitud resiliente y mente positiva (esta última nunca me ha faltado). EGM fue ese 'regalito'. Lo que el corazón quiere con vehemencia, los ojos terminan por encontrarlo.

Los conceptos refrescaron y consolidaron viejos conocimientos. La introducción de nuevas materias, técnicas y procesos alineados con la época y las condiciones actuales que estamos viviendo, son y serán aplicadas en nuestra distribuidora de herramientas de corte para la industria metal mecánica, SCTools.

Yo ya tenía un producto que estaba en existencia, con una clientela y abarcando a todo el mundo. Aprendí con EGM que tenía que buscar un nicho, necesitaba conocer cuál era el dolor de mi empresa. Es como cuando te enfermas y te duele el corazón, tú quieres ir a un especialista, no a cualquier otro lugar. Así fue como encontramos nuestro nicho que son los pequeños talleres metalmecánicos. Una vez que nos dirigimos a resolver los problemas de estas pequeñas empresas, vimos un cambio grande en nuestro propósito, ya que estos establecimientos por lo regular son muy empíricos y carecen de la figura de un ingeniero. De modo que decidimos crear una web que tiene más de mil páginas de información específica sobre cómo mejorar los procesos de mecanización. Es como un manual de recursos donde ellos, si están haciendo una operación y necesitan asesoría, pueden acceder al mismo. En dicho manual hay información de proveedores que se podrían considerar mi competencia, pero frente a quienes desarrollé un punto diferenciador, y es esta asesoría que incluye el diseño de herramientas personalizadas según las necesidades del cliente. Queremos ser una autoridad en cuanto al conocimiento de las herramientas y yo creo más en la fidelidad de las y los clientes que agradecen nuestro servicio porque la experiencia me lo ha demostrado. He llegado a uno de estos talleres donde están utilizando una herramienta sobrevalorada, que se puede comparar con tener una ametralladora para matar a una paloma, cuando no necesitan tanto. He visto usar máquinas de cientos de miles de dólares cuando no era necesaria su utilización. Las herramientas que nosotros recomendamos y que muchas veces fabricamos para satisfacer una necesidad específica del cliente, les dura más porque le enseñamos a utilizarla. Esta asesoría le ahorra dinero a nuestra clientela y, por eso, nos prefieren. De este modo desarrollamos nuestro punto diferenciador con una competencia que se caracteriza por llevar pedidos a su destino de una forma impersonal. Nos adaptamos a los constantes cambios en los pedidos y eso ha sido clave para el éxito.

Todo el conocimiento aprendido en EGM cambió nuestra mentalidad, y los procesos que seguimos en la transformación de nuestro negocio dieron un fruto que se evidencia día a día en nuestras ganancias y en el crecimiento de la empresa.

Los que ejercemos esta actividad del emprendimiento solo sabemos la adrenalina que, con frecuencia, encaramos con relación al riesgo de capital y a los recursos humanos (y casi siempre lo hacemos en silencio). Pero la comunidad de emprendedores y *coachees* de EGM son un centro de abastecimiento vitamínico. Yo, personalmente, me dirijo a mis pares como "mi gente vitamina". Con reuniones mensuales, el círculo está diseñado de una manera simple, con reglas claras que permiten la sana convivencia y que garantizan que reine la buena fe. Los encuentros están llenos de vulnerabilidad, donde se escuchan vivencias tanto favorables como adversas en el camino del empresario. Y es aquí donde este grupo vitamina es rico por su diversidad. El emprendimiento es ese vínculo poderoso que nos une y que, a su vez, con el pasar del tiempo genera otras inclinaciones afectivas como la amistad y el apoyo constante incluso fuera de las reuniones regulares".

Lermit Ramon Díaz
Presidente de SCTools

www.emprendedorgrowthmodel.com

"Soy dueña de un preescolar hace ocho años en EE. UU. El programa de EGM me enseñó varias herramientas que me permitieron determinar pasos asertivos para lograr fortalecerme tanto al nivel personal como empresarial. Usando un lenguaje fácil de entender, mi *coach* me ayudó y me acompañó a lo largo de todas las etapas para poder determinar y lograr mis objetivos.

Como primera fase pude descubrir mi propósito de vida y mis capacidades alineándolas a mi proyecto como empresaria. De esa forma he podido usar mis habilidades para lograr un mejor desempeño en mi empresa. Descubrí que aumentaba mi motivación al esforzarme para lograr mis metas cuando estas estaban alineadas a mi propósito y valores de vida. Usando la herramienta llamada 'Mapa Ágil de Negocio' entendí que, para que las cosas ocurrieran en la realidad, primero debía definir en forma objetiva y medible cada paso del proceso.

Con el recurso llamado 'Producto Mínimo Viable' pude crear varios conceptos que definen la filosofía de mi empresa y lanzarlos para recibir el *feedback* de clientes potenciales. Así he podido mejorar mi servicio. También he observado que los empleados han mejorado su eficiencia al compartir y participar en el propósito y filosofía de la empresa. Mis expectativas con el programa EGM fueron superadas y me siento feliz de seguir participando para continuar fortaleciéndome como emprendedora. Felicitaciones a todo el equipo de EGM".

Susana Romero-Montilla
Dueña de negocio

"Cuando pienso en EGM pienso en este acrónimo: 'El Gran Motor'. Sí, así mismo. Es un motor que le da impulso a cualquier negocio. En mi caso en particular, me enfocó en negocios ya consolidados que desean dar pasos agigantados al crecimiento. A lo largo de mi trayectoria empresarial no había conocido una metodología tan atinada y productiva como esta.

Tengo algo hermoso que compartirte. Es hermoso porque se dio en mi primera experiencia con EGM y con un cliente con el que hemos trabajado varios años. Aunque su empresa actualmente tiene 16 años en el mercado, lo he llevado de la mano desde su año 12 y, la verdad, es con EGM que se han podido establecer metas y objetivos más claros; a dónde se quiere llegar.

El 2021, para ser un año inusual producto de la variable 'pandemia', mientras otros se inquietaban sobre cómo habrían de cerrar su período, nosotros solo estábamos generando impulso en conjunto, en lo que yo llamo 'el laboratorio de ideas'. En esa etapa, la empresa pudo cerrar con 25 vendedores (compuesta por internos y canales externos). Pareciera que ese número fuera insignificante. Sin embargo, para ser una época de desafíos económicos a nivel mundial, lograrlo fue exitoso. ¿Cómo se logró? Con el compromiso de ambas partes, con una meta definida en la línea de tiempo, con un modelo que funciona. ¿Terminamos las metas?, esa sí y aún faltan más. La meta grande y audaz es llegar a construir un engranaje de 200 vendedores consolidados para la organización que generen una escala atractiva de residuales y su dueño pueda dedicarse también a otros negocios. Seguimos construyéndolo.

Es importante considerar que no se puede pretender que, por tener tantos años en el mercado, sea suficiente para disfrutar de una expansión. Tampoco por creer que si lo anhelas fervientemente se dará. Como *coach* y consultora de negocios, te puedo asegurar que se requiere educar primeramente nuestro interior, ya que las primeras limitaciones vienen de nuestro mejor banco, la mente. Es por eso que nuestros resultados son una expresión de lo que somos, de lo que creemos. Simon Sinek lo afirma con esta frase: 'Lo que haces simplemente prueba en lo que crees'.

www.emprendedorgrowthmodel.com

A lo largo de mi experiencia, te puedo decir que muchos emprendedores y empresarios fracasan por estar llenos de tantos miedos que les ocasionan parálisis de acción. Mientras que otros son muy buenos en lo que hacen, pero fracasan por carecer de conceptos y estrategias claves de negocio. Mientras más te eduques para cimentar bases sólidas para tu negocio, mayores probabilidades de crecimiento tendrás. Si quieres ser un caso de éxito, te invito a probar el modelo de transformación de Negocios que está revolucionando las empresas de habla hispana: Emprendedor Growth Model™".

María Eugenia Morales
Coach de crecimiento personal y de negocios

EL EMPRENDEDOR INTELIGENTE

www.emprendedorgrowthmodel.com

Bibliografía

Robbins, Tony. **Awaken the Giant Within.** Simon & Schuster. 1991.

Robbins, Tony. **Business Mastery.** Self published. 2018.

Quintero, Cesar. **The Profit Recipe.** 2022

Manzanilla, Victor Hugo. **Emprendedor: Conquista el arte de los negocios.** Agustin Agency. 2020.

Manzanilla, Victor Hugo. **Despierta tu Héroe Interior.** Harpercollins. 2015.

Manzanilla, Victor Hugo. **Tu Momento es Ahora.** Harpercollins. 2017.

John Maxwell. **Las 21 leyes irrefutables del liderazgo.** Harpercollins. 1998.

Al Ries y Jack Trout. **The 22 Immutable Laws of Mercadeo.** Harpercollins. 1993.

Michael Gerber. **The E-Myth.** Harpercollins. 1995.

John Kaufman. **The personal MBA.** Penguin. 2010.

Kevin Cope. **Seeing the Big Picture.** Greenleaf. 2012.

Eric Ries. **The Lean Startup.** Crown Business. 2011.

EL EMPRENDEDOR INTELIGENTE

www.emprendedorgrowthmodel.com

Importante:

BONO GRATUITO

Este libro incluye un curso en línea gratuito de emprendimiento donde aprenderás:

- Cómo hacer un plan de negocios efectivo.
- Cómo crear una marca de éxito.
- Cómo crear y liderar equipos de alto rendimiento.
- Principios de marketing efectivo.

Y mucho más...

Adicionalmente recibirás un boletín semanal con información que te ayudará a crecer tu negocio.

Solicita tu cupo gratuito en:

www.modeloegm.com/curso

Made in the USA
Middletown, DE
25 October 2022